RÉPUBLIQUE FRANÇAISE
Liberté — Égalité — Fraternité

DÉPARTEMENT DE LA SEINE

DIRECTION DES AFFAIRES DÉPARTEMENTALES

ÉTAT DES COMMUNES

A LA FIN DU XIXe SIÈCLE

publié sous les auspices du Conseil Général

LA COURNEUVE

NOTICE HISTORIQUE

ET

RENSEIGNEMENTS ADMINISTRATIFS

MONTÉVRAIN
IMPRIMERIE TYPOGRAPHIQUE DE L'ÉCOLE D'ALEMBERT

1899

LA COURNEUVE

MONOGRAPHIES

En vente :

ÉPINAY	FRESNES
PIERREFITTE	DRANCY
STAINS	LE PLESSIS-PIQUET
VILLETANEUSE	VILLEMOMBLE
ORLY	BONDY
DUGNY	GENNEVILLIERS
ANTONY	ROMAINVILLE
LE BOURGET	BOURG-LA-REINE
THIAIS	LA COURNEUVE
RUNGIS	

Sous presse :

SCEAUX	BOBIGNY

En préparation :

L'HAŸ	NOISY-LE-SEC
CHATENAY	BONNEUIL-SUR-MARNE

RÉPUBLIQUE FRANÇAISE
Liberté — Égalité — Fraternité

DÉPARTEMENT DE LA SEINE

DIRECTION DES AFFAIRES DÉPARTEMENTALES

ÉTAT DES COMMUNES

A LA FIN DU XIXe SIÈCLE

publié sous les auspices du Conseil Général

LA COURNEUVE

NOTICE HISTORIQUE
ET
RENSEIGNEMENTS ADMINISTRATIFS

MONTÉVRAIN
IMPRIMERIE TYPOGRAPHIQUE DE L'ÉCOLE D'ALEMBERT
1899

NOTICE HISTORIQUE

LA COURNEUVE[1]

Anciennement, communauté de la Généralité et de l'Élection de Paris, subdélégation de Saint-Denis, paroisse, — sous le nom de Saint-Lucien de La Courneuve, — du doyenné de Montmorency.

De 1789 à l'an IV, commune du district de Saint-Denis (supprimé par la Constitution de l'an III) et du canton de Saint-Denis.

Incorporée au canton de Pierrefitte en vertu de la loi du 19 vendémiaire an IV (11 octobre 1795).

De l'an IX à 1893, commune de l'arrondissement et du canton de Saint-Denis.

Incorporée au canton d'Aubervilliers en vertu de la loi du 12 avril 1893.

1. Il n'existe en France qu'une autre localité du même nom; c'est un château de la commune de Lohéac, au département d'Ille-et-Vilaine.

I. — FAITS HISTORIQUES

L'auteur anonyme d'un rare petit volume, *les Étrennes de La Courneuve,* et dont nous aurons à reparler, formulait ainsi, en 1774, son impression sur le village de La Courneuve : « On y va de Paris en suivant la route du Bourget jusqu'à la quatrième pierre, où l'on trouve, sur la gauche, un chemin de terre d'environ un demi-mille, et, ensuite, une avenue de jeunes ormes qui aboutit au château. La vue de tout ce canton est délicieuse et s'étend fort loin, surtout du côté du couchant. On y vante la salubrité de l'air, et les plus anciens habitants assurent qu'ils n'y ont jamais vu régner ni fièvres malignes, ni épidémies. »

Si l'on ne va plus maintenant à La Courneuve par la route de Flandre et Le Bourget (la route de terre est plus directe par Aubervilliers), le reste du tableau est demeuré exact. Pas plus maintenant qu'il y a cent trente ans, n'existent de hautes constructions ou des cheminées d'usines qui masqueraient la vue tranquille de la vaste plaine que ferment, au Nord et à l'Ouest, les hauteurs s'élevant graduellement de Dugny, du fort de Stains, jusqu'à la butte Pinson ; l'air y est demeuré pur, et la santé des habitants, toujours adonnés à la culture, aussi robuste qu'autrefois.

La commune dont nous traitons présente une particularité assez rare dans le département de la Seine : elle est formée non pas d'une, mais de trois agglomérations, tout à fait distinctes jadis, et qui ne sont pas encore soudées aujourd'hui : Saint-Lucien, La Courneuve proprement dite et Crèvecœur. On pourrait y ajouter Champ-Tourterelle et Marville, qui furent anciennement des domaines habités et ne sont plus que des lieux dits d'exploitation rurale.

Saint-Lucien est le berceau de la commune actuelle ; c'est pour cela qu'il a conservé jusqu'à maintenant le siège des bâtiments municipaux : la mairie, l'église, le cimetière, les écoles, quoiqu'il soit le moins peuplé.

Sans nous arrêter aux légendes attribuant une origine miraculeuse à la fontaine dite de Saint-Lucien, qui se voit à trois cents mètres au Nord du cimetière, — légendes que l'histoire a le devoir de ne plus propager, — il nous faut avouer qu'on est dans une ignorance complète de l'époque où le lieu commença d'être habité. L'abbé Lebeuf qui, au siècle dernier, a étudié avec tant de compétence l'histoire des paroisses du diocèse de Paris, ne peut pas remonter plus haut, pour Saint-Lucien, qu'au temps de Robert le Pieux, c'est-à-dire aux environs de l'an mil. « Ce prince, dit-il, qui aimoit fort l'office divin, édifié de l'avoir vu célébrer à Saint-Denis avec une extrême décence par les clercs de Saint-Paul, leur donna du fisc royal le moulin de Saint-Lucien et un autre moulin construit au pont Maubert proche une fontaine. » M. Pfister, qui, il y a une vingtaine d'années, a consacré de savantes recherches au roi Robert, loin d'apporter de nouveaux documents à l'appui de ce fait dont l'authenticité est certaine, ne l'a même pas relevé.

Il faut croire qu'au siècle suivant les religieux de Saint-Paul avaient cédé leurs droits sur Saint-Lucien à leurs voisins de l'abbaye de Saint-Denis, car on a la preuve que, dès lors, elle en possédait la seigneurie. Dans son testament, Suger, abbé de cette abbaye, légua à ses moines la dîme de Saint-Lucien en l'affectant aux dépenses du repas du soir, et Lebeuf ajoute : « Le même abbé Suger avoit pris en affection ce lieu de Saint-Lucien, il y augmenta le nombre des hôtes, c'est-à-dire des habitans sujets de Saint-Denis. De plus, il y fit planter à grands frais un clos de vigne qui contenoit quatre vingts arpents. D'autres enseignemens rapportez par dom Félibien font mention du clos de Saint-Lucien, sans parler de vignes. Les différens cantons y sont nommés : *Terra ad spinam, Cultura Sellonis, Campus de Beli, ad Fornil.* Il n'est pas étonnant qu'avec le temps on soit revenu de l'idée de conserver en un tel territoire une aussi grande pièce de vigne que celle que Suger y avoit fait planter : le sol n'y paroît pas trop propre. »

C'est certainement vers cette époque que le groupe des colons de l'abbaye, cultivant la terre à Saint-Lucien et aux environs, devint assez nombreux pour justifier en ce lieu la création d'une église paroissiale, qui, d'ailleurs, est mentionnée dès le XIIIe siècle, dans les catalogues des cures du diocèse de Paris. Ce fut le chef-lieu des agglomérations éparses dans la plaine sur un territoire que limitaient Aubervilliers, Saint-Denis, Stains et Dugny, et dont la plus importante devint rapidement La Courneuve.

Ce nom de La Courneuve s'explique sans peine; il signifie nouvel enclos, *curtis nova*, et c'est peut-être précisément celui que nous venons de voir créé par Suger. Un annaliste du temps de

Philippe-Auguste, Rigord, parle incidemment d'un miracle produit au tombeau de saint Denis sur un enfant de trois ans, natif de La Courneuve, *de curte nova*. C'est la plus ancienne mention que l'on ait de la localité.

La dénomination de Crèvecœur n'est pas aussi aisée à interpréter et nous ne nous aventurerons pas plus à proposer l'étymologie littérale : crève-cœur, qui n'a pas de sens, appliquée à un nom de lieu, qu'à imaginer des hypothèses qui, faute de formes latines anciennes, seraient sans fondement. Il faut dire cependant qu'il y a en France une quinzaine de lieux portant ce nom. C'est en 1351 que l'on rencontre pour la première fois dans les textes le Crèvecœur voisin de La Courneuve : ses habitants y sont indiqués à cette date comme pouvant être soignés à la maladrerie de Champ-Pourri, sise à Aubervilliers.

Marville vient du latin *Majoris villa*, ferme, métairie du maire. On en trouve mention dès le IXe siècle.

Champ-Tourterelle n'a pas toujours porté ce nom poétique : c'était autrefois Champ-Tourtel, c'est-à-dire le champ d'un nommé Tourtel; cette fois, l'altération du nom a été tout à son avantage.

Nous allons maintenant exposer, dans l'ordre des temps, les événements historiques dont ce vaste territoire a été parfois le théâtre.

Les guerres du XIVe siècle, qui amenèrent les Anglais jusqu'aux portes de Paris, ne l'épargnèrent pas. Quoi de plus ruineux pour un pays de culture que l'invasion des gens d'armes ! Après la paix, ses habitants exposèrent leurs doléances au roi et lui demandèrent une remise d'impôt : il leur fut accordé une sorte d'abonnement, consistant en vingt charretées de paille par an, à fournir pour le service des hôtels du roi, de la reine et du dauphin, tandis que jusque-là ils étaient soumis aux droits de prises, c'est-à-dire à l'obligation de fournir tout ce qui était nécessaire au service de la cour lorsqu'elle était à Paris. Voici l'acte, daté du 11 avril 1374, par lequel Charles V leur consentit cet adoucissement :

Charles, etc., savoir, etc., que par certain et convenable traictié et accort faiz par bonne et meure deliberacion et pour le proufit de nostre hostel en plain bureau par noz amez et feaulx les maistres dudit Hostel et de la Chambre aux deniers d'icellui, à ce appelé tout nostre Conseil et autres officiers, en ce congnoissans, dudit Hostel, avec les povres gens, manans et habitans des petitz hameaux de la Court-nueve et de Crievecueur près de

Saint-Denis en France, en nostre vicomté de Paris, en la parroisse Sainct-Lucien, yceulx habitans, leurs hoirs et successeurs à tousjours mais perpetuelment sont et seront et demourront quittes, frans et exemps de toutes prinses de chevaux, charrettes, lis, couttes, coissins, tables, trecteaux, faings, aveine, poullailles, fuerre et autres fourages et choses quelconques, et generaument de toutes les choses que, de nostre droit royal, Nous, nostre très chière et amée compaigne la royne, nos enfans, nos freres ou autres de nostre sanc et lignage avons acoustumé de prendre, poons ou devons prendre sur lesdis habitans et les autres subgès de nostre royaume quant nous sommes à Paris ou ailleurs, parmi ce que d'ores en avant, perpetuelment et à toujours mais, yceulx manans et habitans, leurs enfans, hoirs et successeurs demourans èsdiz hameaulx sont et seront tenus, conjointement ou diviseement, ainsi que mieux pourra estre fait pour Nous et nostre proufit, de rendre, bailler et délivrer, charroier et conduire à leurs propres fraiz et despens en nos Hostels, où que nous soïons, à deux lieues près de Paris ou à Paris, chascun an au terme de la saint Remi ou dedens les Octaves, vint charretées de fuerre, bonnes et souffisans, lesquelles pour le temps present nous voulons et avons ordené estre parties et distribuées par la manière qui s'ensuit: « c'est assavoir pour nous et nostredit Hostel, dix charretées, pour nostredicte compaigne la Royne, six charretées et pour nostre très chier et amé fils ainsné Charles, Dalphin de Vienne, quatre charretées de fuerre et d'ores en avant à noz successeurs roys de France les distribuer à leur plaisir, si comme dudict traictié et accort fait par lesdiz Maistres de nostre Hostel avec lesdiz manans et habitans, yceulx maistres d'ostel nous ont fait tesmoingnage et certification, auxquels Nous adjoutons et voulons estre adjousté plaine foy et les choses dessusdictes ainsi traictiées et accordées de nostre certaine science, grace especial, plaine puissance, auctorité et majesté royal, loons, greons et approuvons par ces presentes.

Si donnons en mandement, etc.

Donné en nostre chastel du bois de Vincennes l'an de grace mil CCCLXXIIII et de nostre regne le XIe au mois d'avril après Pasques... [1]

A cette époque se trouvait à l'extrémité du territoire de La Courneuve une léproserie, dite du Bourget, dont nous avons eu occasion de parler dans la Notice historique sur cette commune (p. 8). Rappelons qu'elle ne dépendait pas de la juridiction épiscopale, mais bien de celle de l'abbaye de Saint-Denis par l'intermédiaire du prévôt de La Courneuve. Dans son importante publication sur les Maisons-Dieu et léproseries du diocèse de Paris *(Mémoires de la Société de l'Histoire de Paris et de l'Ile-de-France,* t. XXIV*)*, M. Léon Le Grand cite le procès-verbal de visite qui en fut fait en 1351, et fait connaître qu'elle existait encore en 1407.

1. Archives nationales, JJ. 105, f° 218 v° ; — publié au *Recueil des Ordonnances des rois de France,* t. VI, pp. 6-7.

Le vieil historien de Paris, Sauval, cité par l'abbé Lebeuf, nous apprend, d'après des documents disparus aujourd'hui, que pendant la domination anglaise Henri VI, prétendu roi de France, donna à Jean de l'Ile et à Perrinet Le Clerc des biens qui avaient appartenu à Pierre et Bureau Boucher, et que cette donation fut faite pour récompenser les deux traîtres qui, en 1418, avaient ouvert les portes de Paris aux Anglais et à leurs alliés les Bourguignons.

Puis, le village rentre dans le calme, ou du moins rien ne nous est parvenu de ses annales. L'examen des registres où les curés de la paroisse inscrivaient les actes de baptêmes, de mariages et de sépultures et qui nous sont conservés depuis 1583 ne fournit rien qui soit digne d'être relevé; les habitants naissaient, se mariaient, mouraient sans qu'aucun événement important marquât leur paisible existence de cultivateurs. Ce dut en être un, pourtant, le jour où une ordonnance du bureau des finances condamna, le 23 avril 1765, Louis Martaux, habitant de La Courneuve, à six francs d'amende pour avoir déposé « des fumiers et immondices sur les accotements de la chaussée du grand chemin de la Villette au Bourget ». L'ordonnance fut imprimée et affichée dans le village; nous en avons un exemplaire sous les yeux.

Faut-il citer, comme un document du même temps, ou à peu près, le bail fait par le Chapitre de l'abbaye de Saint-Denis, à Pierre Arnoult, laboureur, du « manoir seigneurial de la prévôté de La Courneuve, office claustral de laditte abbaye, réuni à la mense conventuelle desdits sieurs religieux, laditte maison consistante en plusieurs corps d'hôtel, granges, estables, colombier à pied, cour, jardins, grand et petit », — et de terres en dépendant. Ce bail, conservé aux Archives nationales (S. 2376 B) porte la date du 20 septembre 1754. La prévôté existe encore, mais réduite à quelques fragments de muraille restés debout dans l'enclos d'un maraîcher.

Dans les derniers temps de l'ancien régime, le château appartenait à M. de La Garde, fermier général, qui avait épousé Anne-Charlotte de Salignac de la Motte-Fénelon. Durant la belle saison, ils y recevaient de nombreux amis et le temps se passait gaiement, employé en partie à préparer et à jouer des charades, divertissements champêtres, comédies de société. Ce n'étaient certes pas des chefs-d'œuvre, et cependant leurs auteurs ont jugé bon d'en faire imprimer ce qu'ils en jugeaient le mieux fait, en un volume intitulé *les Étrennes de la Court-Neuve*, dont nous citions quelques lignes au début de cette notice. En le parcourant, on jugera sans doute que les châtelains de la Courneuve et leurs hôtes n'avaient pas de grandes exigences littéraires.

Le registre des mariages de l'année 1778 contient, à la date du 4 février, l'acte de mariage de Mlle Élisabeth de La Garde. Les titres de son père y sont énumérés tout au long : « Messire François-Pierre Dedelay de La Garde, chevalier, conseiller du Roy en tous ses conseils, maître des requêtes ordinaires de Sa Majesté, baron d'Achères, seigneur du fief de La Courneuve ». Le mariage eut lieu dans la chapelle du château.

On sait qu'en 1787, l'organisation administrative de la France fut remaniée, et que les municipalités se constituèrent avec un nouveau régime. La Courneuve fit alors partie du département de Saint-Germain et de l'arrondissement de Saint-Denis. Un des premiers soins de la municipalité fut de rédiger la lettre suivante que nous fournissent les archives de la mairie :

A MONSEIGNEUR L'INTENDANT DE LA GÉNÉRALITÉ DE PARIS

MONSEIGNEUR,

Les curé, sindics, marguilliers et habitants de la paroisse de La Courneuve osent s'adresser à Votre Grandeur et viennent le supplier de vouloir bien les authoriser à donner à Nicolas Levasseur, maître d'école de la paroisse depuis quinze ans, 50 livres d'augmentation sur les biens de la communauté, dont la location se monte à la somme de 294 livres par le nouveau bail.

Les motifs de leur demande sont que les paroissiens très contens de leur maître d'école pour sa bonne conduite, son talent dans l'éducation des enfans et son assiduité à remplir les devoirs de son état, veulent se l'attacher et l'engager à refuser des postes plus lucratifs, qu'il ne tiendroit qu'à lui d'accepter. Ces motifs sont trop louables, Monseigneur, de la part de ceux qui les font valoir et de celui qui en fait le sujet pour ne pas recevoir votre approbation sur une demande aussi juste. Ils l'espèrent, Monseigneur, en bénissant la justice de votre gouvernement et intéressant le ciel pour sa prolongation.

Suivent les signatures d'un grand nombre de personnes, parmi lesquelles celles du curé, l'abbé Gaultier de Sartre, de Simon Poupard, syndic perpétuel, et de plusieurs habitants portant le même nom de Cousin, Thierry, Le Boué, Huot, Egret, etc.

Et, sur la pièce même, une note, signée de l'intendant Bertier, autorisa le syndic à payer au maître d'école 130 livres par an, à dater du 1er janvier 1788.

C'est cette même municipalité qui eut à rédiger pour la soumettre aux États généraux de 1789 le cahier des doléances de la paroisse. En voici le texte :

Les peuples des campagnes peuvent enfin faire entendre leurs voix et porter leurs plaintes et doléances aux pieds du trône.

Un monarque vertueux les y appelle et veut leur faire goûter les doux fruits de la liberté. Ils peuvent donc dévoiler leurs maux, leur misère et espérer un heureux calme de la nouvelle législation que les États généraux vont donner à la France.

Animés de cet espoir, les habitants de la paroisse de La Courneuve peuvent donc dire avec douleur que leurs champs sont dévastés par le gibier, qu'ils sont vexés par la tyrannie des gardes-chasses, que le taux de leurs impositions est exorbitant, que leurs dîmes sont perçues par des moines inutiles à l'État, à la religion, que le gouvernement a toujours été insensible à leurs plaintes, qu'une paroisse qui paye de très fortes impositions à la porte de la capitale n'a aucuns débouchés pour son commerce ; que ses chemins sont des précipices affreux ; que l'excès des maux de la misère y épuise l'espèce humaine.

D'après ce faible détail, il vient demander à la nation :

Article premier. — Classement des terres.

Art. 2. — Abonnement de l'impôt par la province pour chaque municipalité.

Art. 3. — Impôt pour les biens de campagnes, établi en totalité sur les propriétés.

Art. 4. — Industrie du cultivateur libérée de tout impôt.

Art. 5. — Suppression de tous les privilèges.

Art. 6. — Suppression du droit de franc-fief.

Art. 7. — Abolition du droit de lods et ventes.

Art. 8. — Suppression totale des capitaineries.

Art. 9. — Droit de chasse borné au propre sol du seigneur ou du particulier.

Art. 10. — Rachat des dîmes en un abonnement en argent ou en grains.

Art 11. — Rachat des surcens seigneuriaux et champarts.

Art. 12. — Destruction ou très grande réduction du droit de colombier.

Art. 13. — Liberté à tout propriétaire de faire sur son sol telles améliorations, changements, clôtures, qu'il jugera convenables.

Art. 14. — Abonnement des dîmes attribué aux curés de campagne et aux bureaux de charité établis dans toutes les paroisses.

Art. 15. — Établissement des tribunaux ruraux, où toutes les discussions des laboureurs seront portées.

Art. 16. — Établissement d'une caisse de bienfaisance pour les vieux domestiques et manouvriers.

Art. 17. — Police sur les domestiques et ouvriers.

Art. 18. — Taxation du pain dans les campagnes et sa meilleure fabrication.

Art. 19. — Police sur l'exportation des grains.

Art. 20. — Réduction de toutes les mesures en une seule.

Art. 21. — Égalité de poids dans tout le royaume.

Art. 22. — Réforme des lois.

Art. 23. — Tout citoyen jugé par ses pairs.

ART. 24. — Liberté individuelle de tout Français.
ART. 25. — La vente des grains au poids.
ART. 26. — Suppression entière de la mendicité.
ART. 27. — Moyen de soulager les pauvres cultivateurs.
ART. 28. — Suppression des garnisaires.
ART. 29. — Suppression des milices.
ART. 30. — Suppression des aides et gabelles.
ART. 31. — Abolition du logement des gens de guerre.
ART. 32. — Suppression des péages.
ART. 33. — Suppression des commis aux aides et gabelles.
ART. 34. — Les barrières reculées aux frontières du royaume.
ART. 35. — Police sur les fainéants, mendiants et malfaiteurs des campagnes.

Signé : GAUTIER DE SARTHE (*sic* pour SARTRE), curé ; LE BOUË, syndic ; F. EGRÉ, municipal ; PIERRE COUSIN, municipal : TOUSSAINT COUSIN, municipal, a déclaré ne savoir signer ; LOUIS MARÉCHAL ; CLAUDE SIAPROZ ; ETIENNE PINGOD ; CHAUMUSARD ; P.-D. THIERRY ; J.-B. COUSIN ; BORDIER ; NICOLAS BIENAIMÉ ; MARTEAU fils ; THIERRY ; COLLOT ; BASILE BORQUIN ; MARIN ; ALEXANDRE-JOSEPH MARTEAU ; NICOLAS-CLAUDE PINGARD ; G. DUPUIS, COUSTIER ; MICHEL MARTEAU ; LECOMTE, ANTOINE COUSIN ; F. FURIET ; L. THIERRY ; CHARLES LE BOUË ; GUYOT ; E. COUSIN ; HAUDEL ; COUSIN ; DUPUIS ; THIERRY ; FRANÇOIS RAGOT ; BEVILLE ; DECÈSE et LEVASSEUR 1.

La plupart de ces noms sont encore portés par des familles du pays.

On trouvera dans les chapitres suivants les quelques faits qu'il nous a été possible de recueillir sur l'époque révolutionnaire ; la source principale, à savoir les registres de délibérations, fait défaut, car cette collection commence actuellement au règne de Louis XVIII.

Dès la première page, elle fournit d'abondants détails sur une solennité qui occupa alors la plus grande place dans les préoccupations de la municipalité : il s'agit de l'inauguration, le 23 septembre 1817, par la duchesse d'Angoulême 2, d'un pont très modeste pourtant, jeté sur le Croult, entre La Courneuve et Dugny. Voici, d'ailleurs, les textes :

1. *Archives parlementaires*, t. IV, pp. 474-475. — Il en existe une copie manuscrite aux Archives de la mairie.

2. Marie-Thérèse-Charlotte de France, dite Madame Royale jusqu'à la Révolution, puis Madame, duchesse d'Angoulême, et enfin la Dauphine (1824-1830), fille de Louis XVI et de Marie-Antoinette et qui, ayant partagé avec eux et son frère, le dauphin Louis XVII, la captivité du Temple, échappa presque miraculeusement à leur sort. En 1799, elle épousa son cousin le duc d'Angoulême, fils du comte d'Artois, depuis Charles X. Née en 1778, elle avait par conséquent 39 ans en 1817, lors de l'inauguration du pont du Croult.

Aujourd'hui cinquième jour du mois d'octobre mil huit cent dix sept, nous maire et membres du Conseil municipal de la commune de La Courneuve, arrondissement et canton de Saint-Denis, département de la Seine, duement assemblés en la salle ordinaire en vertu de l'autorisation de M. le Préfet de la Seine en date du trente septembre dernier pour procéder à l'inauguration du Pont de Madame, suivant le consentement de Son Altesse Royale Madame, duchesse d'Angoulême, consigné dans la lettre du secrétaire de ses commandemens, trésorier général de S. A. en date du vingt trois septembre dernier et dont la teneur suit :

A Monsieur le Maire de la commune de La Courneuve.

Paris, le 23 septembre 1817.

Monsieur,

J'ai mis sous les yeux de S. A. R. Madame, duchesse d'Angoulême, la demande que vous avez eu l'honneur de lui adresser conjointement avec le curé de votre paroisse pour obtenir de S. A. R. l'autorisation de donner son nom au pont qui vient d'être construit dans votre commune.

Madame m'ordonne, Monsieur, de vous instruire qu'elle consent avec plaisir à ce que ce pont porte le nom de S. A. R.

Je profite de cette circonstance pour vous offrir, Monsieur, l'assurance de la considération distinguée avec laquelle j'ai l'honneur d'être votre très humble et très obéissant serviteur.

Signé : T. H. Charlet.

Vu la lettre ci-dessus, ensemble la demande faite à M. le Préfet de la Seine et son arrêté précité ;

Voulant donner un témoignage authentique de notre respectueuse reconnaissance à S. A. Madame duchesse d'Angoulême qui, semblablement au pieux roy Robert de glorieuse mémoire, et autres grands personnages, a daigné donner une marque affectueuse de sa bonté à la commune de La Courneuve en donnant à son pont de communication avec Dugny le nom de S. A. R.;

Voulant aussi transmettre à nos descendants d'une manière solennelle les actes de bonté de notre auguste princesse et les pénétrer des sentimens de reconnaissance publique que nous vouons particulièrement à M. le baron de Villot de Fréville et M. Péan de Saint-Gilles, membres de la Légion d'honneur, syndics des agents de change de la ville de Paris, bienfaiteurs de la commune ;

Nous avons résolu à l'unanimité et proclamé en face de tous nos concitoyens réunis en cérémonie publique :

1° Qu'il seroit érigé un poteau au coin du Pont de Madame, portant l'inscription suivante : *Pont de Madame, par autorisation de S. A. R. Madame duchesse d'Angoulême, en date du 23 septembre 1817 ; elle passa la première à cheval sur ce pont le dix de ce mois.*

2° Que le Conseil municipal présidé par M. le Maire et honoré de la présence de MM. le baron de Villot de Fréville, écuyer, ancien conseiller du Roi, lieutenant général de la connétablie et maréchaussée de France, et Verdier d'Avallon, membres de la Légion d'honneur, Rollet, propriétaire, caissier du trésor de S. A. R. Monsieur, frère du Roi, Jollois, Cohade, percepteur de la commune, de M. Codieu, maire d'Aubervilliers, Laumeilguc, Bonivant (Jean-Baptiste), maréchal des logis de gendarmerie, présents à la séance, se transportera en cortège avec tous les habitans, de l'un et de l'autre sexe, sur le pont de Madame, où sera préparé un fauteuil sur lequel sera placé le buste de S. A. R. Madame, duchesse d'Angoulême; sur la tête du buste, M. Pluchet, maire, assisté de M. Villot de Fréville et Péan de Saint-Gilles, placera une couronne d'immortelles, pendant qu'une jeune fille récitera une petite pièce de vers en l'honneur de cette bonne princesse, que les musiciens joueront l'air : *Où peut-on être mieux qu'au sein de sa famille*, etc.

Toutes les jeunes filles et les mères de famille disposeront alors les fleurs qu'elles auront à la main sur le fauteuil de S. A. R. La satisfaction reconnaissante des habitans sera témoignée en même temps à MM. Villot de Fréville et Péan de Saint-Gilles par des jeunes filles qui leur présenteront des fleurs et leur adresseront nos remercîments pour tous les services qu'ils nous ont rendus.

Ce qui a été exécuté suivant le programme de la fête et terminé par l'érection du poteau et aux acclamations publiques et aux cris de Vive le Roi ! Vive Madame, duchesse d'Angoulême ! Vivent les Bourbons ! et par des divertissemens publics et des secours aux pauvres.

Fait et signé après lecture publique sur le pont de Madame, les jour, mois et an que dessus.

Nous avons eu la curiosité de rechercher dans les journaux parisiens des temps la relation de cette fête, si solennelle pour la commune. Voici ce qu'en dit le *Journal de Paris* du 9 octobre 1817 :

On sait que S. A. R. Madame la duchesse d'Angoulême a bien voulu permettre que le pont qui vient d'être construit à La Courneuve, près Saint-Denis, reçût le nom de *Pont de Madame.* Dimanche dernier on a célébré dans cette commune une fête consacrée à la reconnaissance des habitants pour cette faveur et à l'inauguration du nouveau pont.

Une distribution de secours aux indigens a dignement commencé la fête. Après une messe solennelle, le cortège, dans lequel on remarquait surtout cent jeunes filles vêtues de blanc et entourant le buste de Madame, porté par l'une d'elles, s'est rendue sur le pont où le buste a été couronné d'immortelles. Une invocation au ciel pour la conservation des jours de S. M. et de son auguste famille fut récitée, tandis que l'on plaçait un poteau dont l'inscription rappellera l'époque à laquelle Madame voulut bien accéder à la demande qui lui a été faite, et passer la première sur ce pont.

Un épisode touchant a terminé cette intéressante cérémonie. Un jeune homme de ce village avait attiré sur lui la juste colère d'un père et d'une mère respectables, en projetant un mariage contre leur volonté. Le maire de cette commune a profité d'une si belle occasion pour plaider auprès d'eux la cause du coupable, et son pardon ainsi que le consentement à son hymen lui ont été accordés sur le *Pont de Madame.*

L'émotion attendrie, produite au sein de la municipalité de La Courneuve par la fête du Pont de Madame, n'était pas calmée encore le 22 février 1818. A cette date, le Conseil prit la délibération suivante :

... Le Conseil municipal réuni à la maison commune, lieu ordinaire de ses séances, considérant que la demande de M. le Maire n'est que l'expression de la volonté générale de tous les habitants de cette commune, comme celle aussi juste que sincère des membres du Conseil municipal pour donner un témoignage public de notre amour et de notre fidélité à l'auguste fille de nos rois, Madame, duchesse d'Angoulême, et l'assurance de notre gratitude envers M. le comte Chabrol de Volvic, préfet de la Seine, M. Le Roy de Chavigny, sous-préfet de Saint-Denis, MM. Villot de Fréville et Péan de Saint-Gilles, nos bienfaiteurs,

A décidé à l'unanimité :

1° Que tous les ans, le dix septembre, ou le dimanche le plus près de ce jour, il seroit célébré dans la commune de La Courneuve une fête de reconnaissance en mémoire du passage de S. A. R. Madame la duchesse d'Angoulême sur le pont de notre commune, auquel elle a daigné donner son nom ;

2° Que les noms donnés aux rues, chaussées et chemins de La Courneuve soient irrévocablement fixés tels qu'ils sont indiqués dans le plan présenté par M. le Maire à Monsieur le sous-Préfet...

Ces noms, que la délibération n'indique pas plus expressément, sont ceux de Chabrol, préfet de la Seine, Jollois, ingénieur en chef du département, et Villot (de Fréville), qui avaient contribué à « l'établissement du pavé de Crèvecœur à La Courneuve ». Trois rues de La Courneuve les portent encore aujourd'hui. Il est à noter que la rue Chabrol actuelle s'appelait primitivement rue Volvic.

Le 11 janvier 1821, le Conseil vota une somme de 200 francs pour concourir à former un apanage au duc de Bordeaux. C'est, on le sait, de l'acquisition du domaine de Chambord qu'il s'agissait. Les considérants de la délibération, empreints des sentiments les plus royalistes, font allusion à la résidence qu'aurait faite Blanche de Castille au château de La Courneuve. Aucun texte décisif ne permet de prouver ce fait.

Sur la Révolution de 1830, nous ne trouvons rien autre chose que la prestation de « serment de fidélité au roi des Français et obéissance à la charte constitutionnelle et aux lois du royaume », au mois de décembre 1830. Le Conseil se composait alors de dix conseillers ; le nouveau gouvernement en avait révoqué cinq.

La Révolution de 1848 ne passa certainement pas inaperçue,

mais les registres de délibérations n'en font pas mention. En revanche, le 11 décembre 1851, le Conseil déclara approuver « les mesures énergiques prises par M. le Président de la République pour maintenir l'ordre en parant aux éventualités de 1852 ». Le 8 août 1852, les conseillers prêtèrent serment et, le 10 octobre suivant, ils émettaient un vœu pour le rétablissement de l'Empire.

Pendant la guerre funeste de 1870, le village, protégé par les forts de l'Est et d'Aubervilliers, ne connut pas l'humiliation de l'invasion ; ce sont nos troupes mêmes qui y occasionnèrent les dégâts inséparables de la résistance et de l'attaque. Les combats du Bourget lui furent néfastes.

Voici comment, à la séance du 31 août 1871, la municipalité dressait le bilan des dommages causés :

Achats d'objets mobiliers relatifs au culte.	1.000 fr. »
Réparations à l'église.	3.000 fr. »
— au presbytère. . . .	609 fr. 18
— à la mairie	1.800 fr. »

Le 18 février 1879, le Conseil adressa à Jules Grévy ses félicitations pour l'élection du 30 janvier précédent qui l'élevait à la présidence de la République. Il l'assurait à l'unanimité de son dévouement.

A l'occasion de la célébration, pour la première fois, de la fête nationale du 14 juillet, une délibération fut prise, le 9 juillet 1880, en vue de témoigner du patriotisme de la commune par cette fête nationale. Un crédit de 200 francs fut affecté à une distribution de pain et de viande aux indigents, au pavoisement et à l'illumination de la mairie ; il fut prescrit, de plus, que « des boîtes seraient tirées le matin, à midi et le soir ».

Le 25 février 1884, mourait à Paris le doyen des généraux français, le général Schramm, né en 1789. Depuis longtemps déjà, il passait l'été, fort retiré à La Courneuve, dans l'ancien château, dont il s'était rendu acquéreur. L'attaque de cette résidence par des malfaiteurs avait, quelques années avant, attiré l'attention sur elle, mais pour peu de temps. Le général Schramm ne l'en avait pas moins conservée, sans en garder mauvais souvenir, car, après sa mort, le Conseil municipal apprit avec gratitude (séance du 3 juin) que le défunt léguait à la commune une rente de 2.600 francs à répartir de la façon suivante :

300 francs pour l'amélioration de la nourriture des indigents;

400 francs pour leur habillement;

400 francs pour les honoraires du médecin du bureau de bienfaisance;

400 francs pour les dépenses d'hôpital des pauvres de la commune;

1.000 francs à l'asile des enfants en bas âge;

100 francs à la fabrique, pour la célébration de deux messes basses par an à la mémoire du testateur et l'entretien de sa tombe.

Nous parlons plus bas de cette sépulture, qui est au cimetière de la commune.

Dans sa séance du 26 mai 1885, le Conseil décida « qu'il assisterait en corps aux obsèques de l'illustre poète national Victor Hugo, et qu'en souvenir de l'immortel poète, la rue projetée parallèlement au chemin de fer serait dénommée avenue Victor-Hugo ».

Le 5 juillet 1886, fut votée une subvention de 50 francs, affectée à la souscription nationale au profit de l'Institut Pasteur pour la guérison de la rage.

Le 11 novembre 1894, enfin, le Conseil votait un crédit de 20 francs pour le monument à élever en l'honneur du président Carnot.

Avant de terminer ce chapitre, il nous reste à dire quelques mots des *écarts* de la commune :

Merville, — que l'on nomme aujourd'hui Marville, — *Majoris villa*, est mentionné dès le IXe siècle dans les titres de l'abbaye de Saint-Denis. Plus tard, ce fut la maison de campagne préférée des abbés de ce monastère, et au XIIIe siècle on la voit construite, — sinon reconstruite — luxueusement par l'architecte célèbre, Eudes de Montreuil. En 1652, ce lieu fut le théâtre d'une rencontre entre les soldats de Condé et ceux du roi, commandés par le marquis de Saint-Maigrin. Les premiers furent mis en déroute. Dès le XVIIe siècle, la terre était affermée, dit Mme d'Ayzac, au livre de laquelle nous empruntons la plupart de ces renseignements (*Histoire de l'abbaye de Saint-Denis en France*; Paris, 1860, 2 vol. in.-8, t. I, pp. 442-51). En 1674, la construction de murs de clôture sur une étendue de 80 toises coûta 850 livres, Le revenu de la terre était de 58.300 livres. Un chemin, pavé au XVIIIe siècle, existe encore aujourd'hui, remplaçant l'ancien « chemin vert » qui menait directement de l'abbaye à son domaine rural.

Champ-Tourterelle. — « Chantourtel, dit l'auteur des *Étrennes de la Court-neuve* (p. 21), est à peu près dans la même situation que Merville et à pareille distance de La Courneuve ; mais l'habitation est beaucoup plus moderne ; elle consiste en un petit château environné de fossés, revêtus de pierre, avec un pont-levis. On en a fait une ferme qui est possédée par le séminaire de Saint-Sulpice ». De ce petit castel, de rares vestiges subsistaient encore il y a une vingtaine d'années ; ils ont parfois retenu l'attention de quelques paysagistes.

Crèvecœur, déjà mentionné plus haut, va nous fournir le commencement du chapitre suivant.

II. — MODIFICATIONS ADMINISTRATIVES ET TERRITORIALES

Les quelques documents du moyen âge où il est question de Crèvecœur l'attribuent tous à la paroisse de La Courneuve. « Ce Crevecœur, dont on ignore la cause du nom, dit l'abbé Lebeuf, étoit, dès 1351, connu pour membre de la paroisse de Saint-Lucien. Dans les titres de 1532, du collège de Maître-Gervais qui y a du bien, il est dit être de la paroisse de La Courtneuve. »

Toutefois, le 2e jour complémentaire de l'an XII, Frochot, préfet de la Seine, eut à prendre un arrêté sur une contestation qui s'était élevée entre les habitants de La Courneuve et ceux d'Aubervilliers pour la possession du hameau de Crèvecœur, revendiqué par ces derniers. Les termes de l'arrêté fixant que rien ne serait changé aux limites des deux communes, le hameau en question resta par conséquent sur le territoire de La Courneuve. Voici les considérants importants de cet arrêté :

..... Vu le procès-verbal dressé... le 21 floréal [an XII, par le contrôleur des contributions directes de l'arrondissement] duquel il résulte :

D'une part : 1° que le maire d'Aubervilliers demande que le hameau de Crèvecœur soit distrait du territoire de La Courneuve pour être réuni à celui de sa commune ;

Vu ladite demande, fondée sur ce que ce hameau est presque contigu à

Aubervilliers, puisqu'il n'en est séparé que par le ru dit de Montfort, sur ce que la plupart des habitans de Crèvecœur étant unis de mariage avec ceux d'Aubervilliers, leurs relations avec cette commune sont plus fréquentes qu'avec La Courneuve; qu'en conséquence, la réunion demandée faciliterait ces relations en ce que les communications entre Crèvecœur et La Courneuve sont plus difficiles qu'entre ce hameau et Aubervilliers, puisqu'on ne peut se rendre à la première des deux communes qui, d'ailleurs, est distante d'environ un quart de lieue, que par un chemin impraticable dans le mauvais temps, tandis que l'on communique avec Aubervilliers par le pont qui traverse le ru de Montfort et par un chemin pavé.

Sur ce que les avantages de cette réunion ont été déjà reconnus, puisqu'à l'époque de la formation de la garde nationale, les habitans de Crèvecœur furent incorporés dans celle d'Aubervilliers;

Enfin, sur ce que cette réunion n'est pas seulement demandée par la commune d'Aubervilliers, mais qu'une partie des habitans du hameau de Crèvecœur, pénétrés des avantages qui en résulteraient pour eux, la sollicitent également;

2° Qu'en effet, plusieurs habitans de Crèvecœur ont aussi représenté que dans les cas d'incendie ou autres accidens, ils ne pouvaient espérer les secours, tant civils que moraux, que de la commune d'Aubervilliers; qu'à la vérité, il résulterait de la réunion proposée une diminution dans la matière imposable de La Courneuve d'environ deux cents arpens métriques, puisqu'il faudrait remplacer la limite naturelle établie par le ru de Montfort par celle que forme l'ancien chemin de Saint-Denis à Bondy, mais que, le territoire d'Aubervilliers étant de moitié moins étendu que celui de La Courneuve, l'équilibre se trouverait alors rétabli;

D'autre part, que le maire de La Courneuve et son adjoint ont opposé à cette demande que les motifs sur lesquels elle était appuyée n'étaient pas suffisans pour démembrer leur territoire;

Que la démarcation existante actuellement a toujours été reconnue la seule et invariable;

Que celle proposée ne présente pas le même avantage, étant sujette à des variations en ce qu'elle ne consiste qu'en un chemin vicinal peu fréquenté depuis l'établissement de celui qui passe au hameau de Grichon;

Que, d'ailleurs, cette réunion aurait le double inconvénient d'enlever à la commune de La Courneuve une forte partie de ses revenus et de lui retirer la moitié de sa population pour augmenter celle d'Aubervilliers, déjà quatre fois plus considérable que celle de La Courneuve;

Vu enfin le rapport du directeur des contributions du département de la Seine; ensemble l'avis du sous-préfet de l'arrondissement communal de Saint-Denis, l'un et l'autre improbatifs de la demande du maire d'Aubervilliers;

Considérant que les limites respectives des communes d'Aubervilliers et de La Courneuve sont immuables, et que, d'ailleurs, si le territoire de la commune de La Courneuve est plus étendu que celui d'Aubervilliers, cette dernière commune en est dédommagée par le plus grand nombre de ses maisons d'habitation, qui font aussi partie de la matière imposable;

Considérant enfin que la réunion sollicitée détruirait l'égalité proportionnelle qui existe entre les revenus de ces communes, et que cet inconvénient, ainsi que celui de perdre une limite naturelle et invariable ne sont point compensés par les avantages qui résulteraient de cette réunion en faveur des habitans d'Aubervilliers et de Crèvecœur [1]...

Si le village réussit à garder la possession de Crèvecœur, en revanche, il perdit sans compensation, malgré les revendications de son Conseil, à la date du 18 juin 1847, les quinze hectares, cinquante neuf ares, vingt-huit centiares, que les glacis et dépendances du fort de l'Est occupaient sur son territoire. La totalité de ce fort fut attribuée au territoire de la ville de Saint-Denis.

On trouvera dans la Notice historique sur Le Bourget l'exposé des difficultés et des protestations auxquelles donna lieu de la part des communes limitrophes, du nombre desquelles est La Courneuve, l'extension du territoire de cette localité. A plusieurs reprises, et notamment par délibérations du 21 novembre 1861 et du 3 février 1873, le Conseil municipal de La Courneuve s'éleva très énergiquement contre ce projet d'extension. Finalement ce fut sans succès, et la loi du 23 mai 1877 déposséda le bourg d'une cinquantaine d'hectares, à son extrémité Nord-Est.

Au point de vue cantonal, La Courneuve avait été, en 1790, attribuée au canton de Saint-Denis; elle n'en fut détachée et placée dans le canton de Pierrefitte par la loi du 19 vendémiaire an IV (11 octobre 1795), que pour cette raison que la ville de Saint-Denis comptant plus de 5.000 habitants devait, aux termes de la Constitution de l'an III, former à elle seule un canton.

La Constitution de l'an VIII la rattacha au canton de Saint-Denis, qui demeura composé de dix communes, de 1800 à 1893.

Le 21 février 1888, le Conseil municipal avait émis l'avis que ce canton étant trop chargé, il en fût formé un second qui aurait pour chef-lieu La Courneuve même, « cette commune se trouvant au point de centre de celles d'Aubervilliers, Drancy, Le Bourget, Dugny et Stains ». Le 29 mai 1891, cependant, devenu moins ambitieux, il déclarait inutile tout projet de remaniement, et souhaitait seulement la création d'une justice de paix à Aubervilliers.

1. *Archives nationales*, F2 II, Seine, I.

III. — ANNALES ADMINISTRATIVES. — LISTE DES MAIRES

Instruction.— Nicolas Levasseur, maître d'école de la commune en 1788, est mentionné comme instituteur en l'an XI.

L'année suivante, le sous-préfet de Saint-Denis prend un arrêté ordonnant la fermeture d'une école pour les deux sexes, ouverte sans autorisation à Crèvecœur, et tenue par le fils du citoyen Antoine Trouet, âgé d'environ seize ou dix-sept ans; il y admettait des filles de douze à quinze ans. Ces renseignements sont fournis par des pièces isolées, conservées dans les archives de la mairie. On y trouve aussi une délibération municipale prise sur la proposition du maire, Le Boué, le 25 brumaire an XI (16 novembre 1802), et réglant ainsi l'organisation de l'enseignement primaire :

Article premier. — Il sera établi en cette commune une seule école primaire pour les enfans des deux sexes, la population ne permettant point qu'il en soit établi de distinctes pour les deux sexes.

Art. 2. — Dans cette école, on pourra recevoir les enfans au-dessus de cinq ans.

Art. 3. — L'instituteur qui va être nommé tiendra son école dans la maison qui a été destinée pour cet objet depuis 1783, ainsi que pour les assemblées communales, cette maison étant la plus convenable pour la situation de la commune.

Il sera payé à l'instituteur cent cinquante francs, tant pour son loyer que pour les deux pièces de sa maison qui sont occupées par la commune.

Art. 4. — Le Conseil municipal déterminera le taux de la rétribution qui sera payé par les enfans à l'instituteur d'après que le maire et deux membres du Conseil municipal auront fait connaître le nombre des enfans qu'on pourra envoyer à l'école, avec la distinction de ceux des parens hors d'état de payer la rétribution, conformément à la loy du 11 floréal dernier.

Art. 5. — On apprendra dans cette école à lire, à écrire, chiffrer, la géométrie et les poids et mesures, en faisant usage, de préférence, des livres et instruction adoptés par le gouvernement.

Art. 6. — Le tems des leçons ainsi que les jours des vacances seront déterminés par le maire et l'adjoint...

Art. 7. — Il sera libre à l'instituteur de prendre des enfans en pension au moyen du logement qu'il occupe, afin d'améliorer sa place le plus qu'il sera possible, et le mettre à même de la remplir avec agrément et utilité pour l'éducation des enfans.

Art. 8. — Le Conseil municipal, aux termes de la loy du 11 floréal dernier sur l'éducation publique, nomme pour remplir la place d'instituteur primaire le citoyen Nicolas Levasseur, âgé de cinquante-quatre ans, dont les mœurs et la capacité lui sont connus avantageusement depuis 32 ans qu'il remplit, à la satisfaction générale des habitans, les fonctions de maître d'école en cette commune.

Cette délibération fut approuvée par le sous-préfet de Saint-Denis, le premier nivôse an XI (22 décembre 1802), et l'approbation confirmée, le 12 nivôse suivant, par le préfet Frochot, avec ce commentaire, flatteur pour l'initiative de La Courneuve : « Je vous invite à presser les autres communes de votre arrondissement à fonder de semblables institutions et à vaincre l'insouciance ordinaire des habitans de la campagne pour l'instruction de leurs enfans. »

D'une délibération du 20 mars 1832, il résulte qu'à cette date la commune ne possédait pas de maison d'école, ni de ressources pour s'en procurer une ; que, par cette raison, elle allouait à l'instituteur une indemnité de logement de 200 francs.

Le 23 décembre 1849, le Conseil fixait à 2 francs par mois le taux de la rétribution scolaire, et à douze le nombre des admissions gratuites. En outre, les familles étaient tenues de payer annuellement 1 fr. 50 par enfant pour le chauffage de l'école.

Une délibération du 16 février 1862 fixa à 300 francs le traitement de l'instituteur ; elle constate que la rétribution scolaire lui a rapporté en outre 670 francs en 1861.

Le 9 avril 1863, le Conseil émit le vœu que l'école communale restât confiée à un instituteur laïc ; le 14 mai suivant, il décida la création d'une école de filles, qui fut installée dans le même local que celle des garçons, une simple cloison les séparant. Le traitement de l'institutrice fut fixé à 200 francs. Une délibération du 25 février 1866 éleva ce traitement à 300 francs, et celui de l'instituteur à 500 francs.

Enfin, la délibération du 8 février 1872, décidant la gratuité de l'enseignement à partir du 1er janvier 1873, alloua à l'instituteur un traitement de 2.400 francs, et à l'institutrice (sa femme), 1.100 fr.

Voirie. — On a lu plus haut (p. 18) une délibération de 1818 dénommant un certain nombre de rues du bourg. Le registre de 1840 nous fournit d'intéressants renseignements sur l'état de la voirie à cette époque :

L'an 1840, le deux août, heure de midi, le Conseil municipal de La Courneuve, légalement convoqué pour la session d'août, s'est réuni au lieu ordinaire de ses séances, au nombre de dix membres présents, sous la présidence de M. le Maire, qui lui a exposé que dans l'intérêt d'une bonne police municipale et dans le but de faciliter les communications publiques sur le territoire de la commune, comme pour le logement et le passage des militaires qui la traversent, il convenait de désigner ou de remplacer par de nouvelles empreintes (celles qui existaient étant depuis longtemps effacées) les noms des rues, les numéros des maisons, en se servant à cet effet de plaques indicatives; que déjà, le Conseil municipal pénétré de l'utilité de cette mesure trop négligée jusqu'à ce jour, avait confié à quatre de ses membres le soin de s'occuper de ce travail et d'en arrêter les bases, sur lesquelles le Conseil est appelé à en délibérer, telles qu'elles sont énoncées dans le tableau ci-après, qui fait connaître quelques modifications dans le changement des noms de quelques rues dont le classement soit plus en rapport avec les nouvelles routes situées dans cette commune.

TABLEAU DES NOMS DES RUES ET DU NOMBRE DES RUES, DES MAISONS, DES LETTRES, DES PLAQUES ET DES NUMÉROS DE MAISONS

NOMS DES RUES	NOMBRE DES RUES	NOMBRE					OBSERVATIONS
		DES MAISONS	des lettres de CHAQUE MAISON	des plaques des RUES	des plaques de MAISONS	des numéros des MAISONS	
Place Saint-Lucien	1	»	12	1	»	»	Substituée à la rue Royale
Rue d'Aubervilliers	1	32	48	2	32	55	non compris la ruelle Pingard.
Rue de Bondi	1	12	30	3	12	15	
Rue de Gonesse	1	12	24	2	12	15	
Rue Chabrol	1	17	20	2	17	25	
Rue Villot	1	9	9	1	9	9	
Rue Jollois	1	4	10	1	4	4	
Rue de l'Abreuvoir	1	2	15	1	3	2	
Rue Pluchet	1	1	10	1	1	1	
TOTAUX	9	90	178	14	89	126	

Dans cette énumération ne sont pas compris le Moulin-Féron, la maison et la ferme de Merville.

Après avoir mûrement examiné les changements et les résultats qui lui sont proposés, le Conseil municipal les adopte à l'unanimité, et décide que l'exécution en sera suivie par M. le Maire.....

Une délibération du 26 mai 1885, approuvée par décret du 15 juillet suivant, attribua le nom de Victor Hugo à une des voies publiques de la commune. Un décret du 15 mai 1894 approuva la délibération attribuant à deux rues les noms de « général Schramm » et de « Pallud », bienfaiteurs de la commune.

Séances du Conseil. — Depuis 1896, elle ont lieu en semaine, le soir, à sept heures en hiver, à huit heures en été. Auparavant, elles se tenaient le dimanche, à deux heures. Le 1er novembre 1842, le Conseil avait décidé qu'elles auraient lieu à midi et demi, et que les retardataires seraient frappés d'une amende d'un franc, qui serait portée à deux francs pour les absents non excusés.

Lavoir public. — Il fut créé à l'entrée de la rue de l'Abreuvoir par délibération du 22 mai 1862, votant à cet effet un crédit de 800 francs. Détruit pendant la guerre de 1870, il fut aussitôt après reconstruit. La dépense s'éleva à 1.276 fr. 69 et fut réglée par un vote du 26 février 1873.

Pompe à incendie. — Le 15 décembre 1838, en réponse à une circulaire préfectorale, le maire faisait connaître que la commune possède le tiers indivis de la pompe d'Aubervilliers, et que la proximité des deux communes rend cet état de choses suffisant. Cependant, dix ans plus tard, le 15 octobre 1848, le Conseil décida d'en acheter une et vota à cet effet 1.000 francs. La Compagnie d'assurances mutuelles compléta la dépense par une subvention de 200 francs.

Pompes funèbres. — Une délibération du 10 juin 1860 déclare que la population n'étant que de 631 habitants, presque tous maraîchers, jardiniers, petits cultivateurs et journaliers, le service des pompes funèbres se fait — et cela d'une façon immémoriale — par des soins de l'église; les corps sont portés à bras sur un brancard, par la famille ou les amis du défunt. — Le 30 août 1893, l'acquisition d'un corbillard fut votée à l'unanimité.

Éclairage. — Une commission fut nommée, le 3 juin 1882, pour étudier la question de l'établissement de l'éclairage public par lampes à huile. Un traité fut passé à cet effet, le 26 août 1882, avec la Société générale d'éclairage, rue Riboutté, à Paris, aux termes duquel l'éclairage devait durer dix heures, d'octobre à mars; il comportait 30 becs à raison de 5 centimes par bec et par heure. L'année suivante, un bec nouveau fut installé en face du no 1 de la rue d'Aubervilliers.

Moyens de transport. — Consulté, le 18 février 1844, sur l'emplacement que l'on pourrait adopter à Saint-Denis pour la station du chemin de fer de Paris à la frontière de Belgique, le Conseil émit le vœu que cet emplacement fût la place aux Gueldres et non la maison de Seine (emplacement actuel), comme étant plus éloigné du centre de la ville, — et, aurait-il pu ajouter, — de La Courneuve.

Lorsqu'en 1858, la ligne de Soissons fut mise à l'enquête, une délibération fut prise, le 28 novembre, pour que la première station fût non pas au Bourget, mais à Crèvecœur, sans d'ailleurs s'opposer à l'établissement d'une autre station au Bourget. La délibération faisait ressortir que les populations réunies d'Aubervilliers et de La Courneuve forment un total de 5.000 habitants. Réclamation analogue formulée les 20 mai 1862, 3 août 1866, 17 novembre 1875, 25 décembre 1877, 16 février 1878, 4 octobre 1880. Le 24 mars 1882, la commune se décida à voter pour cette création une subvention de 4.000 francs, payable en quatre annuités; le 24 mars 1884, elle éleva de 1.000 francs la somme. La gare d'Aubervilliers-La Courneuve lui fut enfin donnée en 1886.

Jusque-là, les habitants n'avaient d'autre ressource que d'aller à Saint-Denis pour prendre le chemin de fer, ou se rendre pédestrement à Paris par Aubervilliers. Le 19 novembre 1875, le vote d'une subvention pour une voiture publique n'avait pas eu de suite. La question de prolongement du tramway d'Aubervilliers n'est encore pas résolue aujourd'hui.

Une délibération du 12 mai 1877 accepta la création d'une station de la ligne de Grande Ceinture au lieu dit le pont de la Molette, sous le nom de La Courneuve-Dugny. Satisfaction fut donnée à ce vœu. La section de la ligne, entre Noisy-le-Sec et Achères, fut ouverte à l'exploitation le 2 janvier 1882.

Postes et télégraphes. — La première mention que nous trouvions à ce sujet dans les registres de la commune est une délibération du 25 août 1861, exposant qu'alors que Crèvecœur est desservi par le bureau de poste d'Aubervilliers, La Courneuve dépend de celui de Saint-Denis, ce qui est la cause d'une foule d'erreurs et de retards, lorsque les lettres ne portent pas la mention de Crèvecœur, mais seulement celle de La Courneuve, car, dans ce cas, le facteur est forcé de les remporter au bureau de Saint-Denis, qui les transmet à celui d'Aubervilliers. Le Conseil exprimait le vœu que Crèvecœur fût également desservi par le bureau de Saint-Denis, et que la partie de la commune voisine de la route de Flandre appartînt à la circonscription postale du Bourget.

Une délibération du 16 juillet 1874 confia au maire le soin des démarches nécessaires pour qu'une boîte aux lettres fût établie à Crèvecœur, maison Vallet.

D'autre part, dans sa séance du 4 octobre 1880, le Conseil affirmait l'inutilité de créer un bureau télégraphique, en raison du peu d'éloignement où est le bourg, soit de Saint-Denis, soit d'Aubervilliers.

Il émettait, le 3 juin 1882, le vœu que le service postal fût fait par le bureau d'Aubervilliers. Enfin, par délibération des 22 février 1885 et 17 janvier 1887, le principe de la création d'un bureau de poste dans la commune même, à la mairie, était voté. Ce bureau fut ouvert au commencement de l'année 1888. Par décision du 1er mai de la même année, M. le Ministre des Finances a autorisé la création d'un bureau télégraphique.

MAIRES DE LA COURNEUVE

ÉGRET. Élu le 13 janvier 1893.
COUSIN. Élu le 18 juin 1793.
LE BOUÉ, Charles. Agent municipal en l'an V. — Nommé Maire en l'an VIII.
PLUCHET, Vincent-Charlemagne. 1816-1826.
FONTAINE, Ambroise-Eustache. 1826-1831.
BÉJOT, Pierre-Ambroise. 1831-1839. Démissionnaire.
JOINVILLE, Louis (baron de). 1839-1843.
THOMAS. 1843-1844. Mort en fonctions.
THIÉQUOT, Denis-Nicolas. 1845-1854.
MAGIER, 1855-1856. Démissionnaire.
DUHAMEL, Louis. 1856-1864. Mort en fonctions 1.
COUSIN, Étienne-Lucien. 1864-1870.
BORDIER, Laurent-Christophe. 1870-1878.
LECŒUR, Alexandre. Élu le 21 janvier 1878 ; réélu le 22 janvier 1881.
ROUX, Philippe. Élu le 17 mai 1884; réélu les 18 mai 1888, 15 mai 1892 et 16 mai 1896.

IV. — MONUMENTS ET ÉDIFICES PUBLICS

Mairie.— L'article 3 du règlement scolaire de l'an XI, cité plus haut (p. 24), porte « que l'instituteur tiendra son école dans la maison qui a été destinée pour cet objet depuis 1783, *ainsi que pour les assemblées communales*, cette maison étant la plus convenable

1. Par délibération municipale du 14 février 1864, une sépulture perpétuelle au cimetière fut concédée gratuitement à sa famille.

pour la situation de la commune ». Telle fut donc la première mairie de La Courneuve, mais nous avouons ignorer quel était son emplacement.

Après la Révolution et jusqu'en 1837, la mairie et l'école furent installées en location, au prix de 150 francs par an, dans le bâtiment actuel; une première délibération, du 31 décembre 1834, exprima le vœu de transformer cette location en acquisition de l'immeuble; elle fut plusieurs fois renouvelée les années suivantes et se réalisa enfin en 1837. La valeur de l'immeuble, appartenant « au sieur Toffier, propriétaire à Bagnolet, était de 8.000 francs ».

Église. — Il faut d'abord donner le texte de l'inscription de 1580, conservée avec soin dans l'église et qui est en quelque sorte la charte de sa fondation, à la date du 26 juin 1580.

1580. 29 JUNII DIES
IIe DEDICATIONIS HUJUS BASILICÆ.
MIL CINQ CENS QUATRE VINGTS, LE VINGT SIXIESME
JOUR DE JUIN, FUT L'EGLISE DE CEANS DEDIÉE ET
CONSACRÉE PAR REVEREND PERE EN DIEU MESSIRE
CHRISTOPHE DE CHEFFONTAIMES, ARCHEVESQUE DE
CESARÉE, PAR LA PERMISSION DE MONSEIGNEUR L'EVESQUE DE
PARIS. ET ESTOIT POUR LORS CURÉ DE LADITE ESGLISE
Me ANTOINE JOSSE, PREBSTRE, LEQUEL Y FEIST LA VEILLE,
LA NUIT DE LADICTE DEDICACE, Me JEAN HEBERT, PREBSTRE,
VICAIRE D'ICELLE, NOBLE ET RELIGIEUSE PERSONNE
FRERE MICHEL DE BERVILLE, PREVOST, SIEUR DUDICT
LIEU, DAMOISELLE MARIE BRULLART, VEUFVE DU FEU
NOBLE HOMME CHARLES LE PREVOST, CONSEILLER NOTAIRE
SEICRETAIRE DU ROY NOSTRE SIRE, INTENDANT DE SES FINANCES,
SIEUR DE GRAVILLE BT DE BROULES, MARGUILLIER, DENIS BARA,
GUILLAUME NADEREAU ET PLUSIEURS HABITANS PAROISSIANS DUDICT
LIEU, LESQUELS ONT DONNÉ DE LEURS BIENS; ET Y A XL JOURS DE
VRAY PARDON ET INDULGENCE A TOUS CEUX QUY POUR DEVOTION
VISITERONT LADICTE ESGLISE LE JOUR DE LADICTE DEDICACE. PRIEZ
DIEU POUR LES BIENFAITEURS D'ICELLE ESGLISE.

L'édifice ainsi dédié en 1580 est celui que nous avons encore aujourd'hui sous les yeux. Pendant l'invasion de 1814, il subit de nombreuses déprédations, qui exigèrent une dépense de

1.288 fr. 73. Dans sa séance du 14 février 1819, le Conseil dut voter à cet effet un impôt extraordinaire de 4 centimes pendant deux ans. Cela n'empêcha pas que de nouvelles réparations indispensables s'imposaient en 1837. Les archives de la mairie possèdent une lettre du curé, Fieschi, au sous-préfet de Saint-Denis, exposant cette situation avec plusieurs inexactitudes sur la date de construction.

....En 1584 elle fut reconstruite, et le 6 juin de la même année on en fit la dédicace, ainsi que l'atteste une pierre incrustée dans un pilier du bénitier.

Ladite église, quoiqu'anciennement bâtie n'a rien de remarquable que la nef et le portail. L'intérieur est délabré; dévastée en 1793, elle a été entièrement dépouillée de tout par les Cosaques en 1814, lesquels ont emporté jusqu'aux ornements sacerdotaux, les habitants ayant été obligés de se sauver à la hâte de leurs domiciles...... (3 novembre 1837).......

Les travaux réclamés ne furent faits cependant qu'en 1857, à la suite d'un vote du Conseil (22 novembre 1858) de 2.180 francs, sur un devis s'élevant à 5.880 francs.

Le registre des délibérations de 1858 contient la relation de la réception solennelle qui fut faite, le 1er septembre 1858, à l'archevêque de Paris, lorsqu'il vint bénir la cloche de l'église. Le curé, — c'était toujours l'abbé Fieschi —, et les autorités municipales allèrent au-devant du prélat jusqu'aux limites du territoire de la commune. « Son Éminence a daigné accepter un déjeuner à la mairie. »

L'horloge actuelle date de 1839. Elle fut reçue et installée le 8 décembre 1839. C'est M. Wagner, horloger-mécanicien à Paris, qui l'avait fournie, au prix de 1.350 francs dont 100 francs pour le montage dans le clocher. La délibération du 10 août 1839 qui avait voté cette acquisition débute ainsi : « Depuis longtemps, le vœu général des habitants n'a cessé de se manifester pour se procurer, à l'instar de toutes les autres communes du département, qui en sont généralement pourvues, une horloge publique... »

Cimetière. — Il est resté, comme aux temps anciens le prescrivaient les rites religieux et l'usage, contigu à l'église. Il fut agrandi en vertu d'une délibération du 11 février 1834 votant un crédit de 1.000 francs. On y remarque plusieurs monuments. Le tombeau de M. Duhamel, ancien maire (voy. plus haut la note de la page 29), est orné des insignes municipaux reposant sur un coussin. Celui du général Schramm porte cette inscription :

JEAN PAUL ADAM,
COMTE DE SCHRAMM,
GÉNÉRAL DE DIVISION,
GRAND-CROIX DE LA LÉGION D'HONNEUR
ANCIEN MINISTRE DE LA GUERRE.
1789-1884

Le monument élevé en l'honneur des soldats français morts pendant la campagne de 1870-1871 occupe un terrain qui appartenait à M. Pierre-Alfred Delaunay, avocat. L'ayant cédé à l'État au prix de 150 francs, il fit don de cette somme à la commune, qui l'accepta avec gratitude (délibération du 9 août 1875).

Sur la face Sud, on lit :

A LA MÉMOIRE
DES SOLDATS FRANÇAIS
TUÉS AU COMBAT
DU BOURGET
LE 21 DÉCEMBRE 1870

Sur la face Nord :

MONUMENT
ÉLEVÉ PAR
LEURS COMPAGNONS D'ARMES,
LES HABITANTS DE LA COURNEUVE,
L'ŒUVRE DES PRIÈRES ET DES TOMBES
ET
LE COMITÉ SECTIONNAIRE DE SAINT-DENIS
DE LA SOCIÉTÉ DES SECOURS AUX BLESSÉS

Les faces Ouest et Est portent l'une vingt, l'autre dix-sept noms de combattants morts au combat du Bourget.

Presbytère. — En vertu d'une ordonnance royale du 18 juillet 1830, la fabrique de la paroisse fut autorisée à accepter le don, qui lui était fait, d'une maison devant servir de presbytère, par Mme Thomassin, veuve Pluchet. La commune régla les travaux de réparation et d'aménagement, s'élevant à 430 fr. 36.

Croix de Milly. — Au carrefour, formé par la route de Bondy et un chemin conduisant de Saint-Lucien à La Courneuve, s'élève une croix de pierre, dite Croix de Milly ou Croix Blanche. Le registre des baptêmes, mariages et sépultures de la paroisse pour l'année 1772 contient à son sujet la note suivante rédigée par le curé :

L'an 1772, le dimanche neuf août, dix heures et demy du matin; avant la grande messe de paroisse, nous Veran Gauthier, curé de cette paroisse, avons esté processionnellement benir une croix de pierre sur son piedestal, etant ladite croix plantée sur le grand chemin qui va de Saint-Denis au chemin du Bourget ou de Bondy; laquelle croix a été érigée aux dépens de maistre Pierre-Antoine de Milly, procureur au Châtelet de Paris, en actions de grâces du rétablissement de la santé de madame sa mère. A laquelle ceremonie mondit sieur de Milly assista avec sadite mère, et dame Anne-Gabrielle-Paule-Therese Belloste, son épouse, et Emmanuel-Gabriel-Pierre de Milly, son fils. Etant marguilliers : Marin-Lucien Thierry et Jean Cousin, — et administrateur de la confrerie de St-R. et St-Sébast., Toussaint Roch Guyot, — et sindic de ladite paroisse, Lucien Cousin.

GAULTIER, curé.

On y lit aujourd'hui cette inscription :

HOC SIGNO VINCES.
CETTE CROIX ÉRIGÉE
EN MDCCLXXII PAR
MESSIRE DE MILLY
PROCUREUR AU
CHATELET DE PARIS
ENTIÈREMENT RESTAURÉE
EN MDCCCLXVII PAR
M. ET Mme PALLUD
PROPRIÉT. A LA COURNEUVE.

Fontaines. — Le 31 août 1851, le Conseil municipal accepta la donation faite par M. et Mme Pallud « d'une pièce de terre sise terroir de La Courneuve, lieu dit la Fontaine Saint-Lucien, dans laquelle existe une source d'eau vive qui porte le nom susindiqué de Fontaine Saint-Lucien, ladite pièce de la contenance superficielle de 14 ares 25 centiares ».

En 1858, le général Schramm avait fait installer à La Courneuve une fontaine publique. La municipalité fit graver au-dessus l'inscription suivante :

AU GÉNÉRAL COMTE DE SCHRAMM, SÉNATEUR,
LES HABITANTS RECONNAISSANTS
ANNÉE 1858.

La fontaine finit par s'obstruer, et, le 1er mai 1884, l'eau cessa complètement de couler. Ultérieurement, l'inscription a été enlevée.

BIBLIOGRAPHIE

L'ABBÉ LEBEUF, *Histoire du diocèse de Paris*, t. I, pages 575-579 de l'édition de 1883.

Les Étrennes de la Court-Neuve pour l'année 1774. — A La Court-Neuve, 1774, in-12.

FERNAND BOURNON.

RENSEIGNEMENTS

ADMINISTRATIFS

I. — TOPOGRAPHIE, DÉMOGRAPHIE ET FINANCES

§ I. — TERRITOIRE ET DOMAINE

A. — TERRITOIRE

Nom. — La Courneuve.

Dénomination des habitants. —La forme « Courneuviens » est la seule employée.

Armoiries. — Néant.

Limites du territoire. — La commune de La Courneuve est bornée :

Au Nord, par Saint-Denis, Stains et Dugny ;
A l'Est, par Le Bourget, Drancy et Bobigny ;
Au Sud, par Pantin et Aubervilliers ;
A l'Ouest, par Saint-Denis.

Quartiers, hameaux, écarts. — Saint-Lucien a été l'embryon de la commune et, depuis, en est devenu le principal écart. C'est là que sont situées la mairie et les écoles.

L'agglomération de La Courneuve, proprement dite, est située plus à l'Est.

Crèvecœur est un hameau situé tout au Sud de la commune et

qui, bien que son territoire appartienne en partie à La Courneuve, ne fait, pour ainsi dire, qu'un avec Aubervilliers.

Champ Tourterelle ne se compose que d'une fabrique.

Lieux dits. — Bas Prés de la Vieille Mer, Ferme de Marville, le Bas de la Mollette, la Mollette, le Bas de Fontenelle, la Motte aux Bergers, la Noue Fondrière, la Sente aux Ladres, le Long Bois, le Saule Ruxon, Château de Marville, la Fontaine Saint-Lucien, les Hautes Noelles, le Clos Saint-Lucien, le Clos Berthault, les Lombards, Moulin Neuf, le Souche, l'Esseau, la Prévôté, le Colombier Blanc, l'Osier Picard, le Gros Saule, la Fontaine au Pet, la Logette, le Bas Martineau, l'Orme Seul, Champ Pisseux, les Six Arpents, les Pointes, la Chardonnerie, le Bois Mazurier, Fontaine aux Bretons, les Lavandes, la Planchette, le Puits Ferry, le Fief Sainte-Foix, les Bondes, Montfort, le Bois d'Aulne, la Fosse Hugon, le Pont de Bois, le Pont de Pierre, les Prés Bordeaux, les Ponceaux, le Pressein, l'Épinette.

Superficie de la commune. — La superficie actuelle du territoire est de 760 hectares, dont :

Propriétés bâties	667 hectares
Propriétés non bâties	93 —
Total égal.	760 hectares

Arrondissement. — Saint-Denis.

Canton. — Aubervilliers.

Circonscription électorale législative. — 2e circonscription de l'arrondissement de Saint-Denis.

Sectionnement électoral. — Pas de sectionnement.

Bureau de vote. — Un seul bureau de vote, à la mairie.

Circonscription judiciaire. — Justice de paix de Saint-Denis.

Circonscription de commissariat. — Commissariat de police d'Aubervilliers.

Orographie. — Point le plus haut au-dessus du niveau de la mer : 40 mètres (toute la partie orientale de la commune).

Point le plus bas : 30 mètres (toute la partie occidentale de la commune).

L'altitude a été repérée, à la mairie, à la cote 36m8.

Hydrographie. — Le Croult prend sa source au Thillay (Seine-et-Oise), traverse Dugny, puis La Courneuve sur une étendue de 3.800 mètres et se jette dans la Seine à Saint-Denis.

Le ru de la Vieille-Mer prend sa source à Dugny, au lieu dit « le Bois des Brouillards », passe sous le Croult et sous la Molette et se jette dans le Croult, à Saint-Denis. Sa longueur, dans la traverse de la commune, est de 2.000 mètres.

Le ru de la Fontaine Saint-Lucien prend naissance à l'endroit dénommé Fontaine Saint-Lucien, et se jette dans la Vieille-Mer. Son cours, tout entier sur le territoire de la commune, est de 2.500 mètres.

Le ru de la Busine prend naissance à la source de la Busine et se jette dans la Vieille-Mer. Sa longueur est de 600 mètres.

DÉSIGNATION des COURS D'EAU	LOCALITÉS du département situées SUR LES COURS D'EAU	LIMITES dans le département DES COURS D'EAU ou de leurs sections		LONGUEURS comprises dans le DÉPARTEMENT		LARGEUR MOYENNE des cours d'eau ou de leurs sections	PENTE TOTALE par cours d'eau ou par section	SURFACE DU VERSANT de chaque cours d'eau dans le DÉPARTEMENT
		A L'AMONT	A L'AVAL	PAR SECTION	PAR COURS D'EAU			
				mèt.	mèt.	mèt.	mèt.	mèt.
Rivière du Croult.	St-Denis, La Courneuve, Dugny.	Départem. de Seine-et-Oise........	Seine (fl.).	10.471	10.471	7 »	12,50	4.112
Ru de la Vieille-Mer......	St-Denis, La Courneuve, Stains, Dugny.	Source des Brouillards.......	Rivière du Croult.....	4.050	4.050	3 »	4,10	224
Ru de la Busine...	La Courneuve, Dugny,	Source de la Busine...	Ru de la Vieille-Mer.	600	600	1 »	2,40	10
Ru de la Fontaine-St-Lucien	La Courneuve.	Fontaine St-Lucien..	Ru de la Vieille-Mer,	2.500	2.500	1,50	2,30	56

DÉSIGNATION des COURS D'EAU	VOLUME PAR SECONDE		
	DES EAUX ORDINAIRES	DES EAUX D'ÉTIAGE	DES GRANDES EAUX
	mèt. cub.	mèt. cub.	mèt. cub.
Rivière du Croult..................	0,866	0,630	1,102
Rivière de la Vieille-Mer...	0,056	0,034	0,310
Ru de la Busine..................	0,001	0,003	0,005
Ru de la Fontaine Saint-Lucien...	0,020	0,008	0,035

B. — DOMAINE

Mairie. — La mairie est située à Saint-Lucien, ainsi que l'église, le presbytère et le cimetière ; elle occupe le côté gauche d'une place quadrangulaire en forme d'impasse, donnant rue de Bondy, et dont le cimetière forme le fond. C'est un bâtiment sans style, qui a trois façades et dont l'entrée est rue de Bondy ; il a été acheté en octobre 1837 au prix de 8.000 francs ; avant cette date les services municipaux y étaient déjà installés en location. La superficie est de 200 mètres.

Au rez-de-chaussée se trouvent l'école maternelle ainsi que le bureau de poste ; au 1er étage, le secrétariat, la salle du Conseil qui sert en même temps de salle de mariages, et l'appartement du secrétaire. Au second étage, les logements de la directrice de l'école maternelle, du garde champêtre et du cantonnier.

L'immeuble appartient à la commune.

Écoles. — Les écoles, situées rue Pluchet, se composent de trois bâtiments : deux contiennent des classes distinctes pour les garçons et les filles ; le troisième sert de logement aux instituteurs et institutrices.

Construites en 1874 pour une somme de 65.757 fr. 03, elles occupent un terrain de 1.000 mètres carrés, y compris les préaux et les jardins pour les instituteurs.

Le terrain et les immeubles appartiennent à la commune.

Église. — L'église, placée sous le vocable de saint Lucien, est un édifice des plus modestes occupant rue de Bondy, dans l'impasse dont il a été question ci-dessus, un terrain d'une superficie de 400 mètres, entre le presbytère et le cimetière. L'extérieur ni l'intérieur n'offrent rien qui mérite d'être signalé.

Temple, Synagogue. — Néant.

Presbytère. — Voisin de l'église, il occupe une superficie de 600 mètres ; il appartient à la fabrique, à qui il a été donné en 1830.

Cimetière. — Le cimetière actuel, contigu à l'église qu'il entourait autrefois, a été ouvert en 1829 ; son agrandissement, en 1891, a fait l'objet, avec d'autres opérations de voirie, d'un emprunt dont il sera parlé au chapitre « Finances » ; la réparation des vieux murs en 1894 fut l'objet d'une dépense de 903 fr. 40.

La superficie est de 23 ares 44.

C'est une propriété communale.

Un caveau dépositoire a été construit en 1894 pour une somme de 798 francs.

Tombes militaires. — Un monument en granit, placé au centre du cimetière et se composant d'un soubassement avec piédestal et croix, contient les corps de 37 officiers et soldats français, tués dans dans le combat du Bourget, le 21 décembre 1870.

Il n'y a pas de sépulture allemande.

Hospice *Hôpital* *Morgue* *Crèche* *Dispensaire* *Fourneau économique* *Théâtre* *Marché*	La commune n'a aucun de ces établissement.

Abattoir. — Pas d'abattoir public, mais 12 tueries particulières chez les 5 bouchers et les 7 charcutiers de la localité.

Fourrière. — Néant.

Terrains communaux. — Néant.

Fort. — Néant.

§ II. — DÉMOGRAPHIE

A.— POPULATION

Les dénombrements faits depuis 1801 donnent les résultats suivants :

1801	473 [1]
1817	427
1831	584
1836	589

1. Un siècle auparavant, en 1709, lors du dénombrement des paroisses de la Généralité de Paris, la population de La Courneuve ne comprenait que 113 feux. *(Appendice* (p. 424) *au Mémoire de la Généralité de Paris pour l'instruction du duc de Bourgogne,* publié dans la collection des documents inédits de l'Histoire de France, par M. de Boislisle.)

1841	586
1846	572
1851	572
1856	631
1861	791
1866	1.005
1872	859
1876	926
1881	1.124
1886	1.251
1891	1.530
1896	1.789

Le chiffre de la population a donc presque quadruplé depuis le commencement du siècle.

Les tableaux dressés à la suite du dernier recensement contiennent les renseignements suivants :

Population *résidente :* 1.789.

Résidents présents	1.768	1.789 habitants
— absents	21	
Population comptée à part	»	

La population *recensée comme présente*, le 29 mars 1896, se décompose ainsi :

	ENFANTS ou célibataires	MARIÉS	VEUFS	DIVORCÉS	TOTAL
Hommes	429	416	28	2	874
Femmes	424	409	84	5	922
	853	825	111	7	1.796

La population de La Courneuve, au point de vue de la provenance, se divise ainsi :

18/28es d'habitants venus de divers points de la France ;
9/28es d'habitants nés à La Courneuve ;
1/28e d'Alsaciens et d'étrangers.

Le classement de cette population par nationalités est résumé dans le tableau suivant :

		HOMMES	FEMMES	TOTAL
FRANÇAIS .	Nés de parents français..........	841	895	1.736
	Naturalisés	8	3	11
ÉTRANGERS	Allemands	1	»	1
	Belges	11	10	21
	Italiens	3	8	11
	Hollandais	»	1	1
	Luxembourgeois	»	1	1
	Suisses	10	4	14
		874	922	1.796

Les départements de la France qui fournissent à La Courneuve le plus fort contingent sont :

Seine (non compris La Courneuve)	1.197
Seine-et-Oise	73
Nord	73
Aisne	59
Oise	54

En résumé, la population de La Courneuve est ainsi répartie d'après le lieu de naissance :

Français . . .	1.747	dont . . .	515	nés dans la commune.
Étrangers. . .	49	dont . . .	5	nés dans la commune.
Soit un total de.	1.796	dont . . .	520	nés dans la commune.

Dans l'année 1898, l'état civil a enregistré :

48 naissances;
49 décès ;
23 mariages;
2 divorces.

B. — HABITATIONS

Nombre de maisons : 576.

Habitations composées	d'un rez-de-chaussée	. . . .	137
—	— d'un étage	. . . .	335
—	— de deux étages	. . . .	78
—	— de trois étages ou plus	. . . . . .	26
	Total	. . . .	576

dont . . . . 509 occupées
et. . . . . 67 vacantes

Nombre de logements . . . 515, occupés par . . . 67 isolés.
et . . . 448 familles.

23 ateliers;
35 magasins ou boutiques.

C. — DIVERS

Électeurs inscrits en 1899. — 507.

Recrutement. — 14 conscrits ont tiré au sort en 1899.

Chevaux. — 182 chevaux, appartenant à 117 propriétaires :

Chevaux entiers . .	71 dont	3	au-dessous de 6 ans	et	68	au-dessus
Chevaux hongres. .	94 dont	1	—		93	—
Juments	17 dont	»	—		17	—
Totaux	182 dont	4	—		178	—

Voitures. — 44 voitures, appartenant à 43 propriétaires :

	38	à 2 roues, attelées de 1 cheval
	»	— — de 2 chevaux
	6	à 4 roues, attelées de 1 cheval
	»	— — de 2 chevaux
Total. . .	44	

§ III. — FINANCES

A. — CONTRIBUTIONS

Principal des contributions directes en 1899 :

Contribution foncière.	9.525 »
— personnelle et mobilière	3.458 »
— des portes et fenêtres.	2.377 »
— des patentes	4.075,37
Total	19.435,37

Perception des contributions. — La commune dépend de la perception d'Aubervilliers. Le percepteur de cette circonscription se tient à La Courneuve, le deuxième mardi de chaque mois, de 11 heures à 3 heures. Le bureau d'Aubervilliers est ouvert les mercredi, jeudi et vendredi, de 9 heures à 3 heures.

B. — OCTROI

Pas d'octroi dans la commune.

C. — FINANCES COMMUNALES

Recettes ordinaires d'après le compte de 1897.	37.096,15
— extraordinaires — — .	9.723,30
Total	46.819,45 [1]
Dépenses ordinaires d'après le compte de 1897.	33.420,13 [2]
— extraordinaires — — .	10.919,40 [2]
Total.	44.339,53 [3]

Les dépenses ordinaires se répartissent ainsi entre les principaux services :

1° Administration et police	7.176,59
2° Voirie	11.742,17
3° Bienfaisance	1.586,52
4° Enseignement	5.533,53
5° Dépenses diverses.	6.512,57

Emprunts. — La commune a contracté, avec la Caisse des dépôts et consignations, un emprunt de 30.000 francs pour la mise en état de viabilité de l'avenue Victor-Hugo et l'agrandissement du cimetière, remboursable en dix annuités, à partir de 1891, et autorisé par arrêté préfectoral du 25 juin 1891.

Le Conseil municipal a voté, le 3 mai 1898, un emprunt de 100.000 francs remboursable en 30 annuités au moyen d'une imposition extraordinaire de 20 centimes pour servir, concur-

1. Ces recettes constituent les ressources normales de la commune.

2. Non compris les restes à payer devant figurer au compte administratif de l'année suivante.

3. Ce total représente les dépenses normales de la commune.

remment avec un prélèvement annuel de 1.650 francs sur les revenus ordinaires de la commune, à l'amortissement d'un ancien emprunt, ainsi qu'à un projet d'adduction des eaux, d'achat de terrain pour place publique, d'agrandissement des écoles et de construction d'une école maternelle.

Secours. — La commune a reçu, depuis 1890, des secours pour l'exécution des travaux énumérés ci-après :

Année 1890. — Travaux de viabilité . . . . . . 44.600 fr. »
Année 1893. — Construction d'une nouvelle remise de pompe à incendie. . . . . 1.500 fr. »
Année 1897. — Construction d'un égout sous le chemin vicinal ordinaire n° 7. . . . . 1.900 fr. »

Valeur du centime en 1899. — 194 fr. 35.

Nombre de centimes. — 98 centimes, dont 20 extraordinaires, non compris les 3 centimes pour frais de perception des impositions communales.

Charges par habitant. — 16 fr. 79.

Receveur municipal. — Le Conseil municipal, par délibération du 23 novembre 1896, a voté la création d'une recette municipale spéciale, qui a été autorisée par M. le Ministre des Finances, le 3 avril 1897.

Le titulaire a été nommé par arrêté préfectoral du 17 du même mois ; son traitement a été fixé à 1.400 francs.

II. — SERVICES PUBLICS

§ I. — BIENFAISANCE

Bureau de bienfaisance. — Cet établissement charitable distribue aux indigents des secours en nature : pain, viande et combustibles et leur fait donner, en cas de maladie, les soins nécessaires.

Un médecin, attaché au Bureau de bienfaisance, reçoit une indemnité de 400 francs par an; quatre sages-femmes, d'Aubervilliers, reçoivent 10 francs par accouchement d'indigente.

Dix-sept familles, représentant 39 individus, sont inscrites au Bureau de bienfaisance.

En outre, le Bureau distribue, chaque hiver, des secours à des indigents non inscrits.

Budget du Bureau de bienfaisance d'après la dernière situation:

Recettes	6.234,23
Dépenses.	2.913,92
Excédent de recettes. . .	3.330,31

Le receveur municipal est trésorier du Bureau de bienfaisance; il reçoit, à cet effet, une indemnité annuelle de 86 francs.

Un décret du 26 janvier 1885 a approuvé le legs, fait par le général Schramm, d'une rente de 1.500 francs au Bureau de bienfaisance.

Hospice. — Néant.

Hôpital. — Néant.

Traitement des malades dans les hôpitaux de Paris. — Les malades de la commune sont envoyés en traitement dans les hôpitaux de Paris.

Conformément aux délibérations du Conseil général, du

3 avril 1890, et du Conseil municipal, du 3 août suivant, la commune paye un abonnement basé sur le nombre moyen des journées de traitement des trois années précédentes, à raison d'un franc par jour et par malade.

La somme payée, pour l'exercice 1897, a été de 310 francs.

Assistance à domicile. — Par délibérations en date des 18 décembre 1895 et 26 avril 1896, le Conseil général a fait inscrire au budget départemental une somme annuelle de 50.000 francs, destinée à subvenir à l'assistance à domicile des vieillards indigents, infirmes et incurables. La part contributive du département sera déterminée par l'Administration et devra correspondre au tiers de l'allocation municipale qui, d'ailleurs, est facultative.

Les conditions d'âge sont 65 ans pour les indigents valides; elles ne sont pas applicables aux infirmes et aux incurables.

Il faut, en outre, avoir séjourné depuis 10 ans à Paris ou dans une commune du département.

En 1898, la commune a supporté, de ce chef, pour secourir 5 vieillards, une dépense de 414 francs, sur lesquels le département lui a remboursé le tiers, soit 138 francs.

Aliénés. — 2 aliénés, ayant à La Courneuve leur domicile de secours, ont été placés, en 1898, dans des asiles et ont donné lieu aux dépenses suivantes :

1 à Vaucluse	29 jours à . . .	2 fr. 20. . . .	63,80
1 à Ville-Évrard. . .	12 jours à . . .	2 fr. 20. . . .	26,40
	Total.		90,20
Versé par la famille d'un aliéné mort en 1895.			80 »
	Total.		10,20

Les proportions pour lesquelles les communes du département de la Seine doivent contribuer aux dépenses des aliénés ont été fixées, par délibération du Conseil général, du 27 décembre 1886, à 20, 25, 30 et 35 % sur la dépense totale, suivant le revenu de la commune.

La Courneuve contribue pour 30 % dans les dépenses des aliénés qui sont à sa charge, ce qui donne, pour l'année 1898 :

$$\frac{10,20 \times 30}{100} = 3 \text{ fr. } 06.$$

Enfants assistés et enfants maltraités ou moralement abandonnés. — L'hospice des Enfants assistés par le département de la Seine est situé à Paris, rue Denfert-Rochereau, n°s 72 et 74.

Les enfants maltraités ou moralement abandonnés sont assimilés, pour la dépense, depuis le 1er janvier 1890, aux enfants assistés, en vertu d'une délibération du Conseil général du 16 décembre 1889. Cette délibération a été prise dans le but de faire bénéficier le département des dispositions de l'article 25 de la loi du 24 juillet 1889. Aux termes de cet article, en effet, la subvention de l'État, dans les départements où le Conseil général se sera engagé à assimiler les enfants maltraités ou moralement abandonnés aux enfants assistés, doit être portée au cinquième des dépenses tant extérieures qu'intérieures des deux services. Dans ces conditions, les charges relatives à ces deux services se confondent, et les communes, pour qui cette dépense est obligatoire, n'ont à fournir qu'un seul contingent.

Aucune dépense ne figure, pour cet objet, au compte de 1897.

Protection des enfants du 1er âge. — En 1898, les déclarations faites par les parents, conformément à l'article 7 de la loi du 23 décembre 1874, se résument ainsi qu'il suit :

	AU SEIN	AU BIBERON	TOTAL
Nombre d'enfants de La Courneuve mis en nourrice dans le département de la Seine (hors Paris) . . .	1	1	2
Nombre d'enfants mis en nourrice hors du département de la Seine.	1	13	14
	2	14	16

Les déclarations d'élevage faites par les nourrices de la localité, en exécution de l'article 9 de la loi, ont été de 6 enfants, tous nés dans le département de la Seine.

Crèche. — Néant.

Dispensaire. — Néant.

Fourneau économique. — Néant.

Secours aux familles des réservistes. — Aucun crédit ne figure au budget de 1899 pour cet objet.

Propagation de la vaccine. — Le médecin du Bureau de bienfaisance reçoit 50 francs par an pour vacciner les enfants nouveau-nés.

De plus, au mois d'octobre, l'Institut de vaccine animale, rue Ballu, 8, à Paris, vient vacciner et revacciner les enfants des écoles, en exécution d'une circulaire préfectorale du 14 février 1894.

Caisse des écoles.— Conformément aux dispositions de l'art. 15 de la loi du 10 avril 1867, une Caisse des écoles a été créée en 1881.

Dernière situation de la Caisse des écoles :

Recettes

Cotisations volontaires	706 »
Subvention communale	300 »
Dons, quêtes, etc.	410,70
Intérêts de fonds placés	10,71
Excédent du dernier exercice	710,18
Total des recettes	2.137,59

Dépenses

Vêtements	70 »
Chaussures	99,45
Aliments	20 »
Fournitures scolaires	194,10
Récompenses spéciales aux élèves assidus	79,50
Impressions, frais de bureau	183,95
Patronage de la jeunesse	55,45
Patronage des jeunes filles	8,40
Travail manuel	59,75
Total des dépenses	770,60

D'ou un excédent de recettes de 1.366 fr. 99.

Bureau municipal de placements gratuits. — Néant.

Société de secours mutuels. — La Société de Saint-Lucien compte 89 membres participants, dont la cotisation est de 18 francs par an et 14 membres honoraires payant 12 francs par an.

§ II. — ENSEIGNEMENT

École de garçons. — L'école de garçons comprend deux classes composées ensemble de 100 élèves; le personnel enseignant se compose d'un directeur et d'un instituteur adjoint.

École de filles. — L'école de filles se compose de deux classes, comprenant un total général de 110 élèves; elles sont dirigées par une institutrice et une adjointe.

École maternelle. — L'école maternelle compte 90 enfants; la directrice est logée à la mairie.

Enseignement du chant, du dessin et de la gymnastique. — Les trois matières sont enseignées par l'instituteur dans son école, dans les limites du programme.

Admissions dans les écoles primaires supérieures et professionnelles de la Ville de Paris.— Il y a eu, pour l'année 1898-1899, un élève admis.

Dons et legs faits aux écoles. — Le général Schramm a légué aux institutrices de l'école des enfants en bas âge une rente de 1.000 francs. (Décret du 26 janvier 1885.)

Bibliothèque scolaire. — Chaque école est dotée d'une bibliothèque; celle des garçons se compose de 190 volumes, celle des filles de 145.

Des prêts gratuits sont faits aux enfants des écoles et à leurs familles.

Association philotechnique et polytechnique. — Néant.

§ III. — VOIRIE

La longueur des voies de communication qui sillonnent le territoire de la commune est de :

1 route nationale.	1.500	mètres
2 routes départementales.	5.900	—
2 chemins vicinaux de grande communication .	2.700	—
4 chemins vicinaux ordinaires.	4.819	—
35 chemins ruraux	18.260	—
Voirie urbaine.	700	—
Total	33.879	—

Route nationale. — La route nationale *n° 2, de Paris à Maubeuge*, traverse la commune en ligne droite, vers l'Est, sur une longueur de 1.500 mètres; dans cette partie, la chaussée a 10 mètres de largeur et les accotements 12^{m}50 de largeur chacun;

le pavage est en assez bon état. La route est plantée, de chaque côté, d'une rangée d'arbres sur toute sa longueur.

Routes départementales. — 1° La route départementale *n° 13, de Paris (porte d'Aubervilliers) à Montmagny* (embranchement de la gare de Pierrefitte), traverse la commune, à l'Ouest, sur une longueur de 2.600 mètres.

Jusqu'au chemin de grande communication n° 10, la chaussée est pavée sur fondation en béton et présente une largeur de 7m50 entre bordures. Les trottoirs sont plantés et ont une largeur de 3m75.

2° La route départementale *n° 14, de Paris (porte de la Villette) à Dugny*, traverse le territoire de La Courneuve sur une longueur de 3.300 mètres.

Deux passages à niveau correspondent, sur le territoire de La Courneuve, à la traversée, d'une part, de la ligne de Paris à Soissons, et, d'autre part, du chemin de fer de Grande Ceinture (station de La Courneuve-Dugny).

La route est pavée sur toute sa longueur. La largeur normale varie entre 12 et 10 mètres; la largeur de la chaussée est de 6 mètres entre trottoirs; ceux-ci ont une largeur qui varie entre 2 et 3 mètres, suivant la largeur totale de la route. D'une manière générale, la chaussée est en assez bon état; les trottoirs sont plantés sur 300 mètres, qui s'étendent entre le P. N. de la ligne de Soissons et le chemin de grande communication n° 32.

Chemins vicinaux de grande communication. — 1° Le chemin vicinal de grande communication *n° 10, de Rueil à Bondy*, traverse La Courneuve, de l'Ouest à l'Est, sur une longueur de 1.750 m. Sa largeur, de 12 mètres, comprend une chaussée de 6 mètres, construite en vieux pavés de gros échantillon, qui donnent une surface de roulage dure et cahotante.

La circulation sur ce chemin a augmenté d'une manière considérable ; les constructions et habitations se multiplient rapidement, et il importe, pour assurer le nettoiement dans de bonnes conditions, d'augmenter la longueur pavée.

Des plantations existent sur toute la longueur.

2° Le chemin vicinal de grande communication *n° 32, d'Aubervilliers à La Courneuve*, n'a, sur la commune, qu'une longueur de 950 mètres. Sa largeur est de 10 mètres, dont 6 mètres de chaussée et deux trottoirs de 2 mètres.

La chaussée, construite en boutisses de 10-24-16, est en très bon état.

Chemins vicinaux ordinaires. — Le tableau suivant donne la situation du réseau vicinal ordinaire de la commune de La Courneuve, ainsi que des renseignements sur les travaux exécutés :

NUMÉROS	DÉSIGNATION DES CHEMINS	LONGUEUR	ORIGINE	FIN	LARGEUR moyenne		CHAUSSÉE	
					TOTALE	CHAUSSÉE	NATURE	ÉTAT
		mètres			m.	m.		
1	DE STAINS	1.530	*Pont sur le* Croult.	*Pont sur la* Vieille-Mer.	10	3	Pavée.	médiocre
3	DU BOURGET [1]	1.500	Route départementale n° 14.	Limite de la commune.	10 8	6 sur 986 lacune sur 514	id. *Chemin de terre*	bon mauvais
6	DE MARVILLE......	514	Limite du territoire de St-Denis.	Chemin vicinal ordinaire n° 1.	10	3	id.	bon
7	DE SAINT-LUCIEN..	1.275	Ru de Montfort.	Chemin de grande communication n° 10.	11	10	Pavée	assez bon
	TOTAL........	4.819						

En déduisant les parties mitoyennes au compte des communes voisines, la longueur totale à entretenir par la commune de La Courneuve est de 4.324 mètres.

Les dépenses relatives à l'entretien se sont élevées, en 1897, à 8.297 fr. 56. (Le département a alloué une subvention de 4.475 fr.)

Travaux neufs sur chemins vicinaux ordinaires	Travaux faits dans l'année et dépenses correspondantes	Égout du chemin n° 7, dit « de Saint-Lucien », 7.490 francs.
	Projets en préparation	Néant.

[1] Les chemins 2 et 5 sont devenus la route départementale n° 14; le chemin 4 est devenu le chemin vicinal de grande communication n° 32.

Sur l'invitation du Préfet de la Seine, le Conseil municipal a pris, le 16 janvier 1899, une délibération pour l'obtention d'un décret d'utilité publique pour l'ouverture des chemins vicinaux ordinaires 2 et 3.

Chemins ruraux. — Les chemins ruraux sont au nombre de 35; leur étendue est de 18.260 mètres; leur énumération ne présente aucun intérêt.

Route militaire. — Néant.

Voirie urbaine. — Les rues de la commune sont au nombre de 5; leur étendue est de 700 mètres.

Voirie urbaine	Travaux faits dans l'année et dépenses correspondantes	Pavage des rues Jollois, Villot, Chabrol, Pluchet, de l'Abreuvoir et avenue Victor-Hugo, 5.504 fr. 15
	Projets en préparation	Néant.

Prestations. — Par suite de l'insuffisance des ressources ordinaires de la commune applicables à l'entretien des chemins vicinaux, le Conseil municipal vote, chaque année, 3 journées de prestations en nature dont la valeur en argent est appréciée par le Conseil d'arrondissement et le Conseil général.

Le rôle de l'année 1899 comporte 326 articles imposés, se décomposent ainsi qu'il suit :

962 journées d'homme à 2 francs	1.924 fr. »
546 journées de cheval à 2 fr. 25	1.228 fr. 50
6 journées d'âne à 0 fr. 75	4 fr. 50
132 journées de voiture à 2 fr. 25	297 fr. »

Sur ce nombre de journées sont faites en nature :

262 journées d'homme;
131 journées de cheval;
» journées d'âne;
123 journées de voiture.

Entretien des rues et des chemins ruraux. — Le service est fait par un cantonnier communal.

Balayage. — (Voir ci-dessus).

Droits de voirie. — Les droits de voirie ont rapporté, en 1898, 453 fr. 40 (Voir aux annexes).

Ponts. — Le pont de Marville, le pont du boulevard de Stains, le pont Madame, sur le Croult.

Rus. — Il a été fait mention, à l'article « Hydrographie » des divers rus qui arrosent le territoire de la commune.

Leur curage est fait, tous les ans, au mois d'octobre, par un entrepreneur payé, au mètre, d'après la largeur et la profondeur, par les propriétaires riverains ou la commune.

Port. — Néant.

Égout. — 225 mètres sous le chemin vicinal ordinaire n° 7.

Distance de Paris. — La distance de Paris (parvis Notre-Dame) à La Courneuve (mairie) est de 9 kilomètres, en suivant la route départementale n° 14.

Distance du chef-lieu de canton. — La Courneuve est à 2 kilomètres 100 mètres d'Aubervilliers.

Distance des autres communes du canton :
Stains est à 3 kilomètres 800 mètres ;
Dugny est à 4 kilomètres 400 mètres ;
Villetaneuse est à 6 kilomètres 500 mètres ;
Pierrefitte est à 6 kilomètres 700 mètres.

Moyens de transport. — La Courneuve est desservie par le chemin de fer du Nord (ligne de Paris à Crépy-en-Valois) et par le chemin de fer de Grande Ceinture (station de La Courneuve-Dugny).

Chemin de fer du Nord. — Sur la ligne de Paris à Crépy-en-Valois, 17 trains dans chaque sens s'arrêtent à La Courneuve entre 5 heures du matin et minuit 51.

La durée du trajet entre Paris (Nord) et La Courneuve est en moyenne de 15 minutes; la distance est de 7 kilomètres.

	BILLETS SIMPLES			BILLETS D'ALLER ET RETOUR		
	1re CL.	2e CL.	3e CL.	1re CL.	2e CL.	3e CL.
Prix du trajet entre Paris et Aubervilliers-La Courneuve..........	0 fr. 80	0 fr. 55	0 fr. 35	1 fr. 20	0 fr. 85	0 fr. 55

Prix des cartes d'abonnement :

UN MOIS			TROIS MOIS			SIX MOIS			NEUF MOIS			UN AN		
1e CL	2e CL	3e CL	1e CL	2e CL	3e CL	1e CL	2e CL	3e CL	1e CL	2e CL	3e CL	1e CL	2e CL	3e CL
fr.	fr.	fr.	fr.	fr.	fr.	fr.	fr.	fr.	fr.	fr.	fr.	fr.	fr.	fr.
31	24	16	70	52	35	105	79	52	134	100	67	157	118	79

Chemin de fer de Grande Ceinture. — 4 trains dans chaque sens s'arrêtent à La Courneuve entre 6 heures du matin et 9 heures du soir.

Billets d'ouvriers. — La Compagnie du chemin de fer du Nord met des billets hebdomadaires, dans les conditions habituelles, à la disposition des ouvriers qui habitent La Courneuve.

Omnibus. — Néant.

Eaux. — La commune est alimentée uniquement par des puits; l'Administration étudie un projet d'alimentation d'eau par un puits artésien, actionné par une machine élévatoire, pour desservir le quartier de Crèvecœur, la rue de Bondy et la rue de Gonesse sur une longeur totale de 2.145 mètres; le projet prévoit la pose de 6 bornes-fontaines.

Éclairage. — L'éclairage est assuré par 44 appareils au pétrole, coûtant environ 0 fr. 07 par jour et par appareil ; un agent communal est chargé de leur entretien ; la dépense totale annuelle est d'environ 1.500 francs.

L'Administration est saisie d'un projet d'éclairage à l'acétylène.

§ IV. — JUSTICE ET POLICE

Justice de paix.— La commune de La Courneuve dépend de la justice de paix de Saint-Denis.

Les audiences de conciliation ont lieu le samedi à Aubervilliers.

Offices ministériels. — Il n'y a pas d'office ministériel dans la commune ; c'est le notaire d'Aubervilliers qui est chargé d'y instrumenter.

Commissariat et agents de police. — La Courneuve relève du commissariat de police d'Aubervilliers, dont les agents font des tournées sur le territoire.

Gendarmerie. — Il n'y a pas de gendarmerie à La Courneuve; la sécurité est assurée par la brigade d'Aubervilliers qui fait des rondes quotidiennes sur le territoire de la commune.

Garde champêtre. — Il n'y a, dans la commune, qu'un garde champêtre.

Messiers. — Douze messiers non rétribués.

§ V. — CULTES

Paroisse.— La paroisse de La Courneuve constitue une succursale, dont le titulaire reçoit une indemnité de 900 francs par an.

Budget de la fabrique. — Les recettes du budget de la fabrique s'élèvent à 3.000 francs par an environ.

Fondations. — Le général Schramm a légué à la fabrique une rente de 100 francs. (Décret du 26 janvier 1885.)

Congrégations. — Néant.

§ VI. — SERVICES DIVERS

Poste et télégraphe. — Le bureau de poste et télégraphe est ouvert à la mairie de 7 heures du matin (8 heures en hiver) à midi et de 2 heures à 7 heures du soir; le dimanche, il est fermé à 3 heures.

La création du service télégraphique date du 1er mai 1888.

Le service est fait par une receveuse, deux facteurs et un télégraphiste; il est fait 5 distributions par jour.

Les boîtes sont au nombre de 6, et situées: au bureau, route de Flandre, rue de Gonesse, boulevard de Stains, rue d'Aubervilliers et à la gare.

Caisse nationale d'épargne (postale). — 71 livrets ont été délivrés pendant la dernière année pour une somme de 6.172 fr. 42.

Sapeurs-pompiers. — La subdivision des sapeurs-pompiers de La Courneuve se compose de 15 hommes, plus 1 lieutenant, 1 sergent, 1 fourrier, 2 caporaux.

Ils sont exonérés des prestations.

Le Conseil municipal a voté, en 1898 :

Solde des tambours et clairons	200	»
Frais de déplacement	100	»
Entretien des pompes et accessoires	98	»
Subvention à la caisse des retraites des sapeurs-pompiers	400	»
Salaire du garde-magasin	150	»

Le matériel de secours, composé de deux pompes et d'un dévidoir, est remisé dans un local spécial, près de la mairie.

Marché. — Néant.

Pompes funèbres.— La commune n'a passé de traité avec aucune compagnie : c'est le curé qui se charge, à la demande des familles, de faire venir le matériel demandé.

Bureaux de tabac. — Deux bureaux de tabac se trouvent dans la localité, l'un en face de la mairie, l'autre en face de la gare.

Bibliothèque municipale.— La bibliothèque municipale de prêts gratuits à domicile a été fondée le 14 juin 1882.

Elle est installée dans une salle de la mairie et placée sous la direction du secrétaire.

Elle est ouverte tous les jours, sans heure fixe, à la volonté des lecteurs.

743 volumes sont mis à la disposition des lecteurs qui ont été au nombre de 143.

Archives de la commune. — Les archives de la commune se composent des registres paroissiaux, depuis l'année 1583, reliés en et en bon état ;

Des registres de l'état civil, depuis 1792 ;

Des registres des délibérations du Conseil municipal, depuis 1817 ; les années antérieures n'existent plus.

Et de divers dossiers, tous modernes.

§ VII. — PERSONNEL COMMUNAL

NOMBRE	EMPLOI	TRAITEMENT
1	Médecin de l'état civil	100 »
1	— du Bureau de bienfaisance (le même)	400 »
1	Secrétaire de la mairie	1.500 »
1	Employé — —	200 »
1	Receveur municipal spécial	1.400 »
1	Architecte communal	5 °/° sur les mémoires
1	Garde champêtre	1.400 »
1	Cantonnier des chemins vicinaux	1.440 »
1	Cantonnier communal	200 »
1	Gardien du cimetière	100 »
1	Femme de service des écoles	750 »

III. — RENSEIGNEMENTS DIVERS

Fêtes locales et foires. — La fête communale a lieu le premier et le deuxième dimanche de septembre ; elle se tient boulevard de Stains et rue d'Aubervilliers.

Courses de chevaux. — Néant.

Principales industries. — Une serrurerie d'art et fabrique de grillage mécanique, occupant 150 ouvriers ; une teinturerie de coton, occupant 50 ouvriers et ouvrières.

Commerce et productions du pays. — La culture maraîchère est la production la plus importante du pays.

Le tableau suivant donne un aperçu des principaux genres de culture :

TERRITOIRE			CULTURES LABOURABLES					CULTURES FOURRAGÈRES				CULTURES industrielles	ARBORICULTURE	HORTICULTURE		VITICULTURE	SUPERFICIE NON CULTIVÉE
Superficie totale	Agricole	Non agricole	Froment	Seigle	Avoine	Pommes de terre	Diverses	Betteraves	Diverses	Luzerne	Foin	Pommes de terre pour féculeries		de rapport	de plaisance		
hec.	hec.	hec.	hec.	hec.	hec.	hec.	hec.	hec.	hec.	hec.	hec.	hec.	hec.	hec.	hec.	hec.	hec.
760	700	60	60	»	60	190	323	52	»	»	»	»	»	10	5	»	»
			633					52				»	»	15		»	»
			700 hectares														

Rendement moyen par hectare ensemencé :

Froment.	32 hectolitres
Avoine.	50 —
Pommes de terre	200 quintaux
Betteraves.	500 —
Vignes.	» hectolitres

Écoles libres.— Néant.

Établissements privés de bienfaisance. — Néant.

Sociétés diverses. — Deux sociétés de tir : « les Carabiniers de La Courneuve » et « la Société de tir de La Courneuve », dont les membres sont au nombre de 80, versant une cotisation mensuelle de 1 franc par mois.

Médecins, pharmaciens, vétérinaires, sages-femmes. — A Aubervilliers.

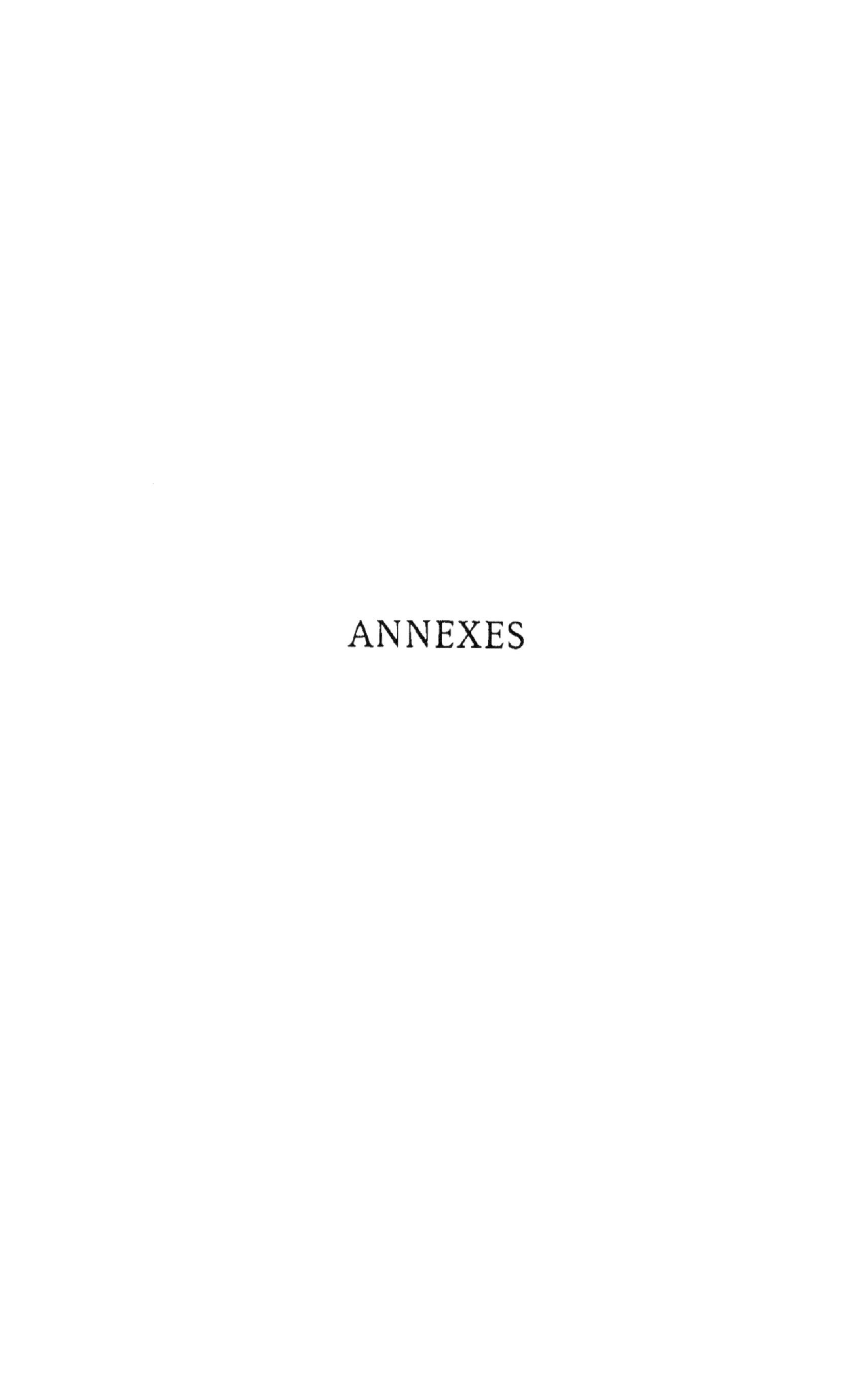

ANNEXES

CONSEIL MUNICIPAL (1898)

(Effectif légal : 16 membres)

MM. ROUX, PHILIPPE, maire.

COUSIN, LOUIS-DÉSIRÉ, adjoint.

MARÉCHAL, LUCIEN, conseiller.

BONNEAU, THÉODORE, —

ROBIN, CLAUDE, —

THIERRY, ERNEST, —

BORDIER, LAURENT, conseiller.

MARÉCHAL, ALEXANDRE, —

OLLIER, GASPARD, —

GUILLET, ERNEST, conseiller.

LANGUEDOC, FRANÇOIS-MICHEL, conseiller.

GAULT, ALFRED-STANISLAS, conseiller.

BALNY, ÉMILE, conseiller.

GAGNIER, GABRIEL, conseiller.

TOUZÉ, VICTOR-RAPHAEL, —

ROUVEAU, AUGUSTE-CHRISTOPHE, conseiller.

TARIF DES CONCESSIONS

DANS

LE CIMETIÈRE

Par délibération du 23 août 1891, approuvée le 13 novembre suivant, le tarif des concessions dans le cimetière a été modifié ainsi qu'il suit :

CONCESSIONS PERPÉTUELLES

1 mètre sur 2 mètres.	250 fr.
Enfants.	125 »

CONCESSIONS TRENTENAIRES

1 mètre sur 2 mètres.	112,50
Enfants.	56,25

CONCESSIONS DÉCENNALES

1 mètre sur 2 mètres.	60 »
Enfants.	35 »

DROITS DE SÉJOUR DANS LE CAVEAU PROVISOIRE

(Délibération du 12 mai 1895, approuvée le 15 juin suivant.)

Les 15 premiers jours, par jour.	1 fr.
Au delà, par jour	2 »

TARIF DES DROITS DE VOIRIE

(Délibération du 23 août 1891, approuvée le 17 décembre suivant.)

---

§ 1er. — CONSTRUCTIONS NEUVES

Alignement, pour chaque mètre de longueur de façade :

1° De bâtiments en maçonnerie	2 fr. 50
2° De constructions en pan de bois.	4 fr. »
3° De murs de clôture.	0 fr. 50
Exhaussement d'un bâtiment, droit fixe	5 fr. »

§ 2. — CONSTRUCTIONS EN SAILLIE

1° *Saillies fixes*

Seuil en saillie, le mètre courant.	0 fr. 50
Grand balcon (sont considérés comme grands balcons ceux qui ont plus de 2 mètres de longueur), par mètre de longueur.	5 fr. »
Petit balcon, droit fixe	0 fr. 70
Perron en pierre (sans compter le droit dû pour la location du terrain communal occupé tant par le perron que par la saillie de colonnes ou de pilastres), droit fixe	6 fr. »
Colonne ou pilastre, droit fixe	2 fr. »
Borne isolée ou engagée, droit fixe	0 fr. 50

Nota. — Dans le cas de rétablissement de chacun de ces divers objets, il ne sera perçu qu'un demi-droit.

2° *Saillies mobiles*

Auvent en bois ou métal :

1° Au-dessus d'une boutique, droit fixe. . . . . 2 fr. »

2° Au-dessus d'une porte, dit marquise, droit fixe . 20 fr. »

Porte ouvrant en dehors et croisée, munie de contrevents, volets ou persiennes, ou garnie de grille ou barreau en saillie ; pour chaque croisée, droit fixe. 1 fr. »

Enseigne, tableaux divers, le mètre linéaire. . . . . 1 fr. »

Devanture de boutique, par travée de 2 m. 50 c.. . 6 fr. »

Il ne sera perçu qu'un droit pour la location du terrain communal occupé.

Perche d'étendage . . . . 0 fr. 70

§ 3. — TRAVAUX OU RÉPARATIONS

Clôtures en treillage, fil de fer, haies et clôtures de toutes sortes, le mètre linéaire . . . . 0 fr. 10

Ouverture de bateaux pour entrée sur les trottoirs. 2 fr. »

Reconstruction partielle du mur de face, y compris le bouchement des baies :

1° Au rez-de-chaussée d'un bâtiment, pour chaque mètre de longueur. . . . . 1 fr. 50

2° Au-dessus du rez-de-chaussée, droit fixe. . . . . 2 fr. 50

Ouverture avec ou sans linteau de poitrail :

1° D'une croisée, droit fixe. . . . . 1 fr. »

2° D'une porte bâtarde, droit fixe . . . . 3 fr. »

3° D'une porte charretière ou cochère, ou d'une grille, droit fixe. . . . . 5 fr. »

4° D'une baie de boutique, droit fixe. . . . . . 4 fr. »

Ravalement partiel ou général :

1° De la façade d'une maison, droit fixe . . . . . . 2 fr. »

2° D'un mur de clôture, droit fixe . . . . 1 fr. »

Colonne en fer ou poteau, droit fixe. . . . . 3 fr. »

Revêtissement en dalles, par mètre de longueur . . 0 fr. 70

Établissement de ponts et ponceaux en bois ou en maçonnerie, le mètre. . . . . 2 fr. »

Gargouilles et caniveaux sur trottoir, droit fixe. . . 1 fr. »

Tuyaux de descente, le mètre . . . . 0 fr. 20

§ 4. — DROITS DIVERS

Barrière devant les travaux, droit fixe	1 fr. »
Étai, chevalement, contrefiche	3 fr. »
Dépôts de matériaux autorisés sur la voie publique, quelle qu'en soit la nature, par mètre superficiel et par mois. (On ne pourra taxer moins d'un mètre)	0 fr. 20

TABLE

RENSEIGNEMENTS ADMINISTRATIFS

I. TOPOGRAPHIE, DÉMOGRAPHIE ET FINANCES

§ I. *Territoire et domaine*

§ II. *Démographie*

§ IV. *Justice et Police*

§ V. *Cultes*

§ VI. *Services divers*

§ VII. *Personnel communal*

III. — RENSEIGNEMENTS DIVERS

ANNEXES

COMPOSÉ, IMPRIMÉ ET BROCHÉ
PAR LES PUPILLES DU DÉPARTEMENT DE LA SEINE
ÉLÈVES DE L'ÉCOLE D'ALEMBERT
A MONTÉVRAIN

COMPARAISON

DE LA

POPULATION

ET DES

RECETTES ORDINAIRES

Relevées aux époques de Recensement

(1801 à 1896)

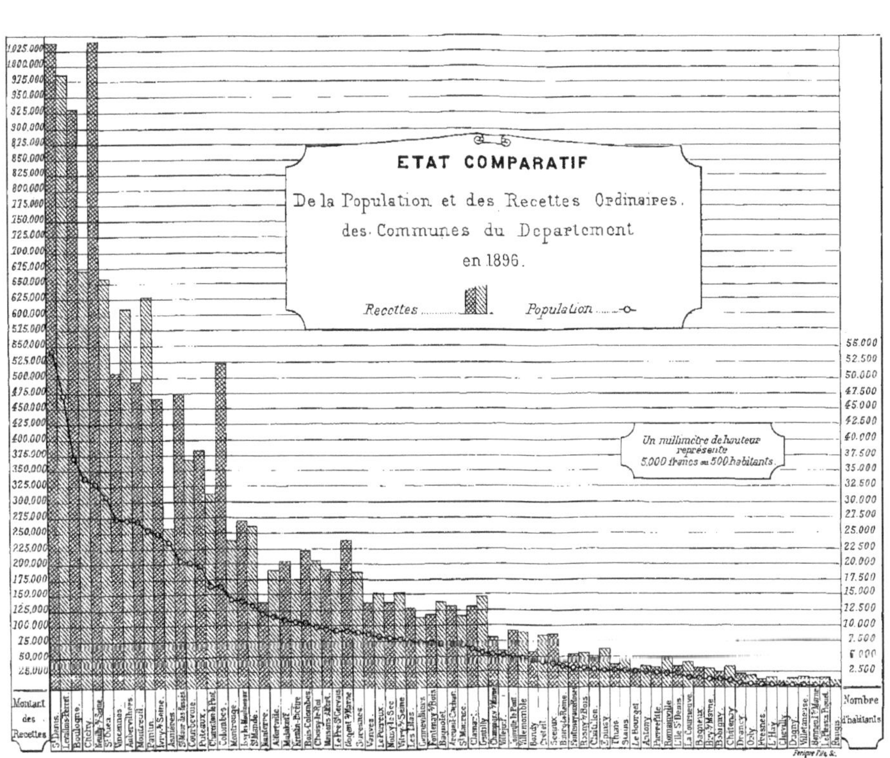
ETAT COMPARATIF
De la Population et des Recettes Ordinaires.
des Communes du Departement
en 1896.
Recettes
Population
Un millimètre de hauteur représente 5.000 francs ou 500 habitants.
Montant des Recettes
Nombre d'habitants
St Denis.
Levallois-Perret.
Boulogne.
Clichy.
Neuilly s/ Seine
St Ouen.
Vincennes.
Aubervilliers.
Montreuil.
Pantin.
Ivry s/ Seine.
Asnières.
St Maur des Fossés
Courbevoie.
Puteaux.
Charenton le Pont
Colombes.
Montrouge.
St Mandé.
Nanterre.
Alfortville.
Malakoff.
Kremlin-Bicêtre
Bois-Colombes
Choisy-le-Roi
Maisons-Alfort.
Le Pré St Gervais
Nogent s/ Marne
Suresnes
Vanves.
Le Perreux.
Noisy-le-Sec
Vitry s/ Seine
Les Lilas.
Gennevilliers
Fontenay s/ Bois
Bagnolet.
Arcueil-Cachan.
St Maurice.
Clamart.
Gentilly
Champigny s/ Marne
Villejuif.
Joinville le Pont
Villemomble
Bondy
Créteil
Sceaux
Bourg-la-Reine.
Rosny s/ Bois
Châtillon.
Epinay
Thiais
Stains
Le Bourget
Antony
Pierrefitte.
Romainville
L'Ile St Denis
La Courneuve.
Bagneux
Bry s/ Marne
Bobigny.
Châtenay
Drancy
Orly
Fresnes.
L'Hay
Chevilly
Dugny
Villetaneuse.
Le Plessis Piquet
Rungis
Perigne Fils, Sc.

Monographie des Communes du Département de la Seine.

LA COURNEUVE

Limites actuelles de la Commune reportées sur la Carte dite des Chasses (1764-1773)

Echelle de

LA COURNEUVE

EN DÉPOT

A LA PRÉFECTURE DE LA SEINE

DIRECTION DES AFFAIRES DÉPARTEMENTALES

BUREAU DES COMMUNES

(Annexe Est de l'Hôtel de Ville)

www.ingramcontent.com/pod-product-compliance
Ingram Content Group UK Ltd.
Pitfield, Milton Keynes, MK11 3LW, UK
UKHW020412230726
13925UKWH00004B/1378